Manfred G. Pfirrmann

Die einfachen Lösungen aller sozialen Probleme

Manfred G. Pfirrmann

Die einfachen Lösungen aller sozialen Probleme

Die persönliche Sicht eines Kleinrentners auf das Thema soziale Gerechtigkeit

Bloggingbooks

Impressum/Imprint (nur für Deutschland/only for Germany)
Bibliografische Information der Deutschen Nationalbibliothek: Die Deutsche Nationalbibliothek verzeichnet diese Publikation in der Deutschen Nationalbibliografie; detaillierte bibliografische Daten sind im Internet über http://dnb.d-nb.de abrufbar.

Coverbild: www.ingimage.com

Verlag: Bloggingbooks ist ein Imprint der
Südwestdeutscher Verlag für Hochschulschriften GmbH & Co. KG
Heinrich-Böcking-Str. 6-8, 66121 Saarbrücken, Deutschland
Telefon +49 681 37 20 271-1, Telefax +49 681 37 20 271-0
Email: info@bloggingbooks.de

Herstellung in Deutschland (siehe letzte Seite)
ISBN: 978-3-8417-7021-9

Imprint (only for USA, GB)
Bibliographic information published by the Deutsche Nationalbibliothek: The Deutsche Nationalbibliothek lists this publication in the Deutsche Nationalbibliografie; detailed bibliographic data are available in the Internet at http://dnb.d-nb.de.

Cover image: www.ingimage.com

Publisher: Bloggingbooks
is an imprint of the publishing house
Südwestdeutscher Verlag für Hochschulschriften GmbH & Co. KG
Heinrich-Böcking-Str. 6-8, 66121 Saarbrücken, Deutschland
Phone +49 681 37 20 271-1, Fax +49 681 37 20 271-0
Email: info@bloggingbooks.de

Printed in the U.S.A.
Printed in the U.K. by (see last page)
ISBN: 978-3-8417-7021-9

Vorwort

Doch, ich weiß, dass ich nicht immer recht habe. Der Titel ist natürlich ironisch gemeint. Ich weiß auch, dass viele dieser Artikel - die ja immer noch im Internet nachlesbar sind, polemisch sind und manchmal vielleicht der dargestellte Sachverhalt unvollständig oder gar unrichtig ist. Ich hoffe jedoch, dass dies nicht zu oft der Fall war.

Es gibt neuerdings den schönen Ausdruck „Wutbürger" und manche Blogs sind genau in einer ersten Wut über politische Entscheidungen oder eine weitere Reduzierung der sozialen Leistungen unseres Staates geschrieben worden - sei's drum. Möge sich der geschätzte Leser selbst ein Bild machen. Und genau darum geht es mir: Dass sich die Bürger unseres Staatswesens endlich mal Gedanken machen, was in dieser Republik vielleicht dringend geändert werden müsste.

Und wenn sie ebenfalls zu dieser Erkenntnis gekommen sind, dann nicht einfach wieder zur Tagesordnung übergehen, sondern mal ihrem Politiker oder anderen zuständigen Systemtäter möglichst unangenehme Fragen stellen. Doch, das geht - nicht nur mit persönlichen E-Mails, sondern auch öffentlich unter *www.**abgeordnetenwatch**.de , dem virtuellen Wählergedächtnis.* Da wird dann auch überwacht, ob und was er antwortet.

Doch, manchmal habe ich schon recht.

Manfred Pfirrmann

Zur Einführung

27.10.2007

Diesen Sozial-Blog wollte ich schon lange einrichten. Wenn man sieht, was Politiker, der Staat und die großen wirtschaftlichen Organisationen und oft auch skrupellose Arbeitgeber mit dem kleinen Mann machen, kann man eigentlich nur noch den ganzen Tag schreien. Es nützt wenig, wenn man sich im Stammtisch darüber aufregt, wie der kleine Bürger mal wieder abgebügelt wird. Da ist das Internet nun doch schon viel besser, insbesondere da man hier die begründete Hoffnung haben darf, dass auch mal jemand, der für politischen Schwachsinn oder schlimmer, für Abzocke und Ausnutzung des Bürgers verantwortlich ist, hier mitliest. Noch besser ist natürlich, wenn man in einem solchen Fall den Verantwortlichen herausfindet und diesen dann persönlich und kritisch anspricht. Das trifft insbesondere auf den politischen Abgeordneten zu, der er schließlich wieder gewählt werden will. Wenn es dafür auch nicht immer persönliche Gesprächstermine gibt - hatte ich aber schon - so sind entsprechende E-Mails wahrscheinlich doch nicht ganz ohne Wirkung, vor allem wenn sie oft kommen. Wohl alle politischen und wirtschaftlichen Entscheider lassen sich heute per E-Mail erreichen. Für Vorschläge oder Kritik ist auf diesen E-Mails sicherlich kein Platz verfügbar, aber man kann dort die Adressen, zum Beispiel von einem solchen Block wie diesem hier, hinterlegen, wobei dann die Chance gut ist, dass der, den es angeht, dann doch einmal solche ausführlichen Texte liest. Jeder Geschäftsmann weiß es und vielleicht auch mancher politisch Mächtige, dass eine einzige negative Bewertung oder Reklamation durch mindestens 100 positive Bewertungen ausgeglichen werden muss.

Man kann natürlich nicht an allem herummeckern. Aber man kann auch nicht immer weg gucken. Deshalb würde es mich freuen, wenn in diesen Blog in Zukunft viele Zuschriften und Kommentare kommen.

(Klein)Rentner Manfred

Mannis einfache Lösungen aller Probleme. 1. Der Teuro

29.Juli 2007

Das würde mich echt interessieren: Wo nehmen die Leute vom statistischen Bundesamt nur ihre Daten her? Ich meine die Erhebungen zur Inflationsrate von nicht mal 2 % ? Irgendwie muss das in einer ganz anderen Gegend erfasst

werden - jedenfalls nicht da, wo ich wohne. Denn hier kostet ein Brötchen beim Bäcker jetzt 50 Cent und zur DM-Endzeit waren es 50 Pfennig. Oder ein Viertel Wein beim „Grünen Baum" - vom Guten - wurde mir für 4 Mark fuffzig kredenzt und jetzt verlangt der Wirt 4 Teuro 50ct klagt über die harten Zeiten und schimpft, was die neuen 0,2 Gläser kosten. Auch Giovanni, Sie wissen schon, der mit der Eisdiele, wollte früher 4 Märker fürs Spaghetti-Eis und jetzt sind's auch nur 4.- aber Teuro. Ich weiß aber woran das liegt, nämlich an der %-Rechnung. Hierzu ein einfaches Beispiel:

Unser Brötchenbäcker kauft sein Mehl beim Müller, wissen wir ja. Der Müller hat allerdings wegen der OPEC (meint er) höhere Transportkosten. Er kauft immer 100 Sack Getreide und die kommen nicht vom Bauern in der Nachbarschaft, i wo, sondern aus Polen oder der Ukraine oder sonst woher, weit jedenfalls. Die kosten jetzt 10 Teuro mehr. Meint der Müller, blond und blauäugig, 10 sind 10% von 100 und verlangt von seinen Bäckern Ausgleich: Der Sack Mehl kostet nun leider 10% mehr, leider jetzt 220 Teuro netto, kommt noch die Mehrwertsteuer hinzu.

Das lässt den Bäcker nicht ruhen, da muss ein Aufschlag her aufs Brötchen, auch wenn man aus dem Sack Mehl immerhin 5000 Wecken backen kann. Hat es bisher 45ct gekostet, kann der Bäcker - im Gegensatz zu Tankstellen - natürlich nicht mit zehntel Cent rechnen und verlangt vom Kunden 50ct. Basta. Meckert der Kunde, beruft sich der Bäck auf seinen teureren Mehleinkauf.

Sehen Sie, so geht die Prozentrechnung in unserer Wirtschaft. Aber beim Staat geht's ganz ähnlich. Jedoch schamloser. Und zwar speziell bei der Besteuerung der Energiepreise. Lauthals wird verkündet, das Kartellamt habe keine Preisabsprachen bei den Energie- und Treibstoff-Multis feststellen können, die Bösewichte wären die Spekulanten. Das ist wahrscheinlich auch so. Doch aufgepasst: Mit jeder Preistreiberei auf diesem Sektor ist der Staat aktiv-gierig dabei, denn zur Besteuerung auf die Energie kommt ja noch die Mehrwertsteuer und die ist prozentual. Bedeutet, der Staat kassiert jedes Mal schamlos mit ab beim Endverbraucher. Hier nun Mannis einfache Lösung: Die Besteuerung auf Primärenergien und Treibstoffe muss verringert werden und als Fixpreis erfolgen. Das heißt also auf 1 Liter Sprit liegt die feste Steuergröße x - unabhängig vom jeweiligen Marktpreis. Sinngemäß gilt das auch für andere Energieformen Wobei sich die Regierung darüber klar sein sollte, dass man mit zu hoher

(Siehe unten) ist keineswegs vom Tisch. Mannis einfache Lösungen: Zum Beispiel: Sozialer Frieden. Für globalen Wettbewerb sind viele Deutsche und auch andere Europäer nicht gerüstet oder geeignet. Denn plötzlich stehen weite Teile der Bevölkerung in direkter Konkurrenz zu chinesischen und indischen Kulis, südamerikanischen Billigarbeitern und anderen ungelernten Kräften aus der dritten Welt.

Auch bei uns würde noch zu ähnlichen Hungerlöhnen gearbeitet, hätte man den Unternehmern in der Mitte des 19. Jahrhunderts freien Lauf gelassen. Dazu später noch mehr. Verschärft wird das Problem noch durch Warentransport über kontinentweite Entfernungen manchmal in nur Stunden und auch noch durch Wegfall von Einfuhrzöllen. Dazu kommt noch der lasche Umgang in anderen Staaten mit Dieben: Gestohlenes Know-How und kopierte Markenartikel werden geduldet oder sogar gefördert. Und dann kommen noch die Maschinen. Die nehmen sogar den Kulis noch das Brot weg, denn eine Maschine wird nicht schwanger, hat keine Grippe, ist nicht unmotiviert, gibt keine Widerworte, ist montags morgens ausgeschlafen, schafft locker 23 Stunden am Tag (1 Stunde Wartung) und leistet dazu noch das x-fache. Dagegen kommt man nicht an! Bei Öffnung aller Schleusen für den Warenaustausch ohne bei der Produktion gleiche Bedingungen zu schaffen, bleibt jeder auf der Strecke, dessen Arbeit von Kulis oder Maschinen gemacht werden kann. Wobei man noch berücksichtigen muss, dass Maschinen sich inzwischen selbst produzieren können. (Übrigens: Nicht die Arbeit, sondern Produktionsmaschinen muss man besteuern. Aber das nur so nebenbei.) Mit anderen Worten: Jeder in unserem Land, der zu seinem Pech nur eine Arbeit beherrscht, die jedermann überall auf der Welt in halbwegs gleicher Qualität ebenso ausführen kann - steht auf verlorenem Posten. Kleine Ausnahmen bestehen bei Dienstleistungen: Manche handwerkliche Fertigkeiten sind bei uns (noch) konkurrenzfähig - es wird zwar auch da deutlich dünner, aber das wird sich immerhin doch etwas höher einpendeln, wenn alle europäischen Staaten die gleichen Voraussetzungen haben. Der chinesische Friseur hat dann keinen Zutritt zu diesem (Arbeits)Markt - wenn unsere globalwahnwitzigen Politiker dies nicht auch noch vermasseln. Womit können wir uns dann in (naher!) Zukunft ernähren? Ist doch klar: Mit Produkten und Leistungen, welche die übrige Welt nicht aufweisen kann. Mit zwei Fähigkeiten: mit Kreativität und Qualität.

Nun wird aber ein Handarbeiter nicht unbedingt über Nacht kreativ. Schon gar nicht, wenn er kaum seine Muttersprache richtig schreiben kann und einen Dreisatz für höhere Mathematik hält. Und ein qualitativer Spitzenwerker wird er sicherlich auch nur, wenn er seine Arbeit motiviert und engagiert macht. Es sieht nicht so aus, dass unsere Unternehmer begriffen hätten, wie man das bei den Mitarbeitern erreicht. Im 19. Jahrhundert, also so um 1850 herum, versuchten diejenigen, die auf Grund günstiger Umstände, an die Produktionsmittel gekommen waren, ihre

Mitarbeiter wie eine Zitrone auszuquetschen. Da sind wir ja inzwischen schon wieder gelandet! Das ist es, was mit Turbo-Kapitalismus gemeint ist. Irgendwann muckt auch der willigste Sklave auf, damals so wie heute. Damals entstanden daraus die Gewerkschaften, die SPD und radikaler noch, die Kommunisten. Wenn man mal zurückschaut, was sich die politische Riege (Kaiser Wilhelm, der Zar, die Königin Victoria oder wie sonst diese verschwippschwägerte Gesellschaft jeweils hieß) in ihrer Habgier auf Kosten der Völker damals so geleistet hat, geht einem heute noch der Hut hoch. 1918 jagten die Kommunisten ihre Zaren zum Teufel - was danach kam, war keinen Deut besser, im Gegenteil.

Nach dem 1. Weltkrieg kam dann erst eine heftige Inflation - kein Wunder, wenn der Staat Pleite ist - dann eine kurze Phase überschäumende Lebenslust, quasi als Tanz auf dem Vulkan, und dann wurde es für die kleinen Leute aber wirklich zappenduster. Das war die optimal vorbereitete Basis für die dann folgende braune Soße. Bildzeitung und ähnliche Volksmeinungsbildner gab's damals noch nicht, das erledigte Dr. Göbbels.

Also das hoffe ich doch stark, dass so etwas oder Ähnliches anno 2007 nicht mehr gewollt wird - aber Vorsicht! Die Zeichen stehen auf Sturm! Der soziale Friede ist in Gefahr und die Politiker aller Parteien doktoren herum und haben eigentlich keine Idee, was wirklich helfen würde, den Staat wieder auf Steigflug zu bringen.

Da hilft Mannis einfache Lösung: Das Bürgergeld. Nicht die Bürgerversicherung ist gemeint. Ein Bürgergeld sollte es geben für jeden erwachsenen, alt eingesessenen Bürger Deutschlands, wenn er kein oder nur geringes Einkommen hat, für Kinder entsprechend weniger. Aber nicht eine Sozialhilfe wie zur Zeit, von der man weder leben noch sterben kann, sondern ein Betrag, der es wirklich möglich macht, auf einem menschenwürdigen Niveau zu leben. Sagen wir mal 900 €uro pro Monat. Und dieses Geld muss es geben, ohne dass der Bürger deswegen seine Menschenwürde vorher am Amtseingang abgegeben hat. Dieses Geld muss es geben, ohne Verpflichtung, eine ungewollte oder überhaupt eine Arbeit annehmen zu müssen. An dieser Stelle höre ich den Aufschrei: „Dann liegt jeder nur noch am Strand herum und tut gar nichts mehr!" Ein gefundenes Fressen für die Bildzeitung, Florida-Rolf lässt grüßen.

Das ist eben alles viel zu kurz gedacht. Es ist nämlich so, dass das Herumliegen am Strand oder Gammeln im Stadtpark sehr schnell sehr langweilig wird. Und dann kommt bei den meisten Menschen auch ebenso schnell der Wunsch auf, eben mehr zu verdienen, um sich all die schönen Sachen leisten zu können, die bei den 900 pro Monat eben nicht drin sind. Schon das Selbstwertgefühl führt den normalen Menschen wieder einer Arbeit zu. Aber dieses Bürgergeld würde die Arbeitswelt von Grund auf revolutionieren: Der Arbeitnehmer wäre nicht mehr erpressbar! Jemand, der weiß, dass er auch ohne Arbeitsstelle menschwürdig weiterleben kann, muss nicht mehr bei jedem schlechten Witz seines Chefs pflichtschuldigst lachen!

Da würde plötzlich ein ganz anderes Arbeitsklima in den Unternehmen herrschen! Schluss wär's mit Ausbeuten! Ein Chef würde sich hüten, einen guten Mitarbeiter zu vergraulen - die Zeitungen wären voll mit Stellenangeboten. In den Unternehmen würden nur voll motivierte, freundliche Leute schaffen - die besten Voraussetzungen für Produktivität, Kreativität und Qualität. Kündigungsschutzgesetze könnte man in die Tonne treten, da überflüssig. Das gleiche gilt für Arbeitszeitregeln und Tarifverträge - Gewerkschaften könnten sich auflösen - ebenso wie das Arbeitsamt. Auch die Pflichtrente bräuchte man nicht mehr - wem die 900 Euronen zu wenig wären, könnte sich ja freiwillig höher versichern. Das wäre die richtige Lohnnebenkosten-Entlastung. Ja aber... wer soll das bezahlen. Ich meine, die Nation kann das stemmen. Zumal das Geld der Volkswirtschaft ja nicht verloren geht, denn das Bürgergeld ist so hoch nun auch wieder nicht, als dass man dieses auf die hohe Kante legen könnte - also wird es ausgegeben. Der Konsum wurde steigen, die Wirtschaft aufblühen.

Deutschland gibt derart viel Geld für Unnützes aus: Eurofighter und U-Boote zum Beispiel. Wenn man da mal genauer hinsieht - ein Blick in die Rechnungshofberichte und in die Akten des Bundes der Steuerzahler Thema „Steuergeldverschwendung" würde allein schon etliche Geldquellen auftun, außerdem würden die Beiträge für Renten, Arbeitslosenversicherung. Beamtenpensionen und Sozialhilfe da ebenfalls hineinfließen. Und sei's drum: Kredite sind nicht ehrenrührig, wenn eine solide Aussicht besteht, diese erwirtschaften und zurückzahlen zu können. Die gäb's bei der Weltbank. Aber rechnen wir mal kurz: Wie viele Leute kämen denn dafür in Frage? Da wären die 5 Millionen Arbeitslosen und dann vielleicht noch mal gleich viele andere, also insgesamt 10 Millionen. 10 Millionen mal 900 = 9.000.000.000 Millionen = 9 Milliarden im Monat = 108 Milliarden im Jahr. Das ist zwar viel Geld aber man schaue sich mal den Staatshaushalt an - das könnte der Staat bezahlen, wenn er dabei auch noch gesunden würde, erst recht. Aber natürlich würden einige Zeitgenossen dieses System auch ausnutzen und vergammeln. Das träfe den Deutsch-Michel natürlich an seiner Achillesferse: dem Neid. Übrigens: Diese Zeitgenossen gibt es schon seit jeher. Dennoch würde die Nation von diesem System nur profitieren. Übrigens manche Gammler - oder diejenigen unter uns, die eben überhaupt keinen Chef über sich vertragen, hätten dann die Möglichkeit, selbstbestimmt ihre kreativen Ideen - Kunst, Erfindungen, soziales Engagement - zu verwirklichen. Die wären dann auch bald raus aus dem 900 Euro-System. Wären diese Optionen es nicht wert, über dieses Bürgergeld mal in Ruhe und emotionslos nachdenken?

Sagenhafte Rentenerhöhung von 1,1% Toll!

Montag, 17. März 2008

Eigentlich ist es unzulässig, dass die Regierung an der Rente rumbastelt. Denn von der Regel her sollten wir Rentner nur 0,6% Erhöhung (haha!) bekommen. Aber vermutlich haben die in Berlin so langsam angesichts der zunehmenden Armut im Lande und dem im Hintergrund feixenden Lafontaine einen Hauch von schlechtem Gewissen, zumal die letzte Diätenerhöhung wie immer ganz problemlos durch das Parlament kam.

Aber dann sollen sie doch dem wirklich bedürftigen Rentner wenigstens einen Inflationsausgleich geben. Das geht aber nicht prozentual und ist so auch nicht nötig. Denn wenn einer 1500 € Rente hat, dann nagt er ja nicht gerade am Hungertuch, ist nicht wirklich bedürftig. Aber bei weniger als , na sagen wir mal, 700 €/Monat ist es schon lange vorbei mit Zuckerschlecken. Und warum kann der Staat nicht allen Rentnern, die unter dieser Schwelle liegen, mindestens einen wirklichen Inflationsausgleich bezahlen? Kann er nämlich sehr wohl, zum Beispiel mit den Mehreinnahmen aus den explodierenden Energie- preisen! Von wegen kein Geld. Von üppig kann dann immer noch keine Rede sein: bei 700 € wären das dann etwa 30 €/Monat. Sollten die Parlamentarier mal versuchen, wenigstens probehalber einen Monat von diesem Betrag (730) zu leben. Meine Rente ist übrigens sehr deutlich niedriger als 700, das nur so nebenbei.

Die Wurzel allen wirtschaftlichen Übels: Der Zins

Montag, 14. April 2008

Vor ein paar Tagen habe ich ein Interview im PM-Magazin Ausgabe März 2008 gelesen. Professor Senf - ein Wirtschaftswissenschaftler - erklärt darin überzeugend, dass unser Zinssystem (Zins+Zinseszins) dabei ist, die gesamte Wirtschaft der Welt zugrunde zu richten. Über dieses Thema wird im Forum des PM heiß diskutiert. Hier nachzulesen: http://www.berndsenf.de

Meine Meinung dazu ist: Er hat recht! Wer's nicht glaubt, hole sich mal einen Kredit bei der Citibank! Ganz leicht zu bekommen, einmal reicht aber jedem. Leider ist aber nicht zu erwarten, dass sich die Idee des Herrn Prof. Senf durchsetzt. Das wäre wohl das erste Mal, dass eine revolutionäre Idee sich gegen die geballte Macht des Kapitals behaupten könnte.

Pendlerpauschale nutzt Armen gar nichts!

Mittwoch, 21. Mai 2008

Die absolut unsoziale Energiebesteuerung nach dem "Energiesteuergesetz" sorgt dafür, dass Arme eben noch ärmer werden. Denn die Vergünstigungen, zu denen sich die Politik ach so furchtbar schwer durchringen kann, betreffen ja schließlich nur diejenigen, welche noch Einkommensteuer bezahlen - da gehöre ich und alle Harz-IV-Empfänger schon lange nicht mehr dazu. Meine Steuern zahle ich indirekt, eben z.B. in Form der Energiesteuer. Und natürlich darf ich auch die MwSt. mittragen. Mal ganz abgesehen davon, dass die übermäßige Besteuerung der Energie (auf 1000 l Benzin liegen z.Zt. 669,80 Steuer) volkswirtschaftlich großen Schaden anrichtet, weil sie eben wirklich alle Produkte verteuert, werden die Armen im Lande immer voll getroffen. Ja. ja ich höre die Grünen und alle Weltverbesserer vom B.U.N.D, dass wir den Planet zugrunde richten. ICH NICHT! Mir wurde mein letztes Auto, das nur den CAT Euronorm 1 hatte, vom Staat sozusagen enteignet, weil es jedes Jahr 25% höher besteuert wurde. Verkaufen könnte man so ein Auto dann auch nur nach Afrika, wenn die Wegekosten nicht wären. Das macht den Leuten, die sich in solchen Fällen eben ein neues Auto kaufen, nun schon gar nichts aus - MwSt. wird rausgerechnet, die Einkommensteuer entsprechend verkürzt und schon passt es ja. Der Autoindustrie passt es auch. Wer sich angesichts seiner Heizkostenrechnung kein neues Auto leisten kann, hat eben Pech gehabt. Klar funktioniert das insofern, dass sehr schnell alte Autos von den Straßen verschwunden sind - auf Kosten der Geringverdiener im Land. Auf die Idee, dass diese Fahrzeuge auch wegen Abnutzung von alleine verschwinden und dass dies sozialer wäre, kommen die Politiker gar nicht.

Wem unsere, ach so umweltschonende Energiesteuer auch zugute kommt, sind die Länder, die bei uns Billigprodukte anbieten, China zum Beispiel. Denen ist noch egal, ob sie über ihren Fabriken noch blauen Himmel sehen oder nicht. Das läuft alles ganz falsch. Energieverbrauch für Bürger (nicht für Firmen!) im unteren Bereich muss billig bleiben und progressiv ab einem Grenzwert nach oben besteuert werden. Im Kfz-Sektor würde ich das an die PS-Leistung koppeln: bis 100 PS billig und dann wird's teuer. Ab 200 PS richtig teuer. Wer dann noch einen SUV fahren will, hat auch Geld genug.

Manfred (Heizung sparend)

Spekulanten sind die üblen Preistreiber

Montag, 23. Juni 2008

Wer es nicht schon gewusst oder geahnt hat: im "Spiegel" Ausgabe 24/2008 kann man es unter der Überschrift "Angriff auf unseren Wohlstand" nachlesen: die Börsianer sind dabei, sich die Rohstoff-Resourcen unter den Nagel zu reißen. Das trifft uns alle! Was glauben Sie wohl, warum der Barrel Rohöl plötzlich mehr als 130 Dollar kostet? Weil Rohöl knapp ist? Das ***wird*** erst knapp, jetzt gibt's noch reichlich. Und die Zukunftsmärkte ("Futurs") sind auch schon alle in den Händen der Börsenhaie! Wozu haben wir eigentlich eine Regierung? Doch wohl deshalb, um uns - das Volk - vor Ausplünderung zu schützen. Oder etwa nicht? "Nun ja," sagt die Regierung, "das ist alles leichter gesagt als getan. Das ist der globale Markt, da kann man nichts machen, das ist halt so usw. usw."

Mag sein, dass ein einzelner Staat da Probleme hat. Aber die anderen Staaten sind auch betroffen. Was man da machen könnte?

Ich hab' mal ein paar Vorschläge, vielleicht würden sie in dieser Richtung nutzen - zum Beispiel:

1. Wenn eine Landesbank in Dingen herumspekuliert, die sie nichts angeht, zum Beispiel in Immobilien in einem anderen Land (USA!) und dabei einbricht, dann muss man die halt Pleite gehen lassen und nicht mit Steuergeldern sanieren.

2. Spekulationsgewinne sofort heftig besteuern

3. Spekulationen mit Grundnahrungsmitteln verbieten.

4. Gegen hohe Treibstoffpreise durch Freigabe der nationalen Benzinreserven vorgehen, diese aber nur an freie Tankstellen zu niedrigen Preisen abgeben. Auffüllen der nationalen Reserven danach durch Direkteinkauf bei den Scheichs. Staatliche Raffinerien bauen. Kohle (und nicht Weizen!) zu Benzin machen (hat unser "ach so geliebter Führer" schon gekonnt) Na ja, mehr fällt mir dazu gerade nicht ein. Doch. Wenn nichts geschieht, dann gibt's entweder an der Börse mal wieder einen richtigen Crash, wo dann nicht die Großen, sondern die Kleinanleger, die gemeint haben, hier auch mal an das schnelle Geld zu kommen, auf den Bauch fallen. Oder, der Crash bleibt aus, dann gehen die Volkswirtschaften den Bach runter. Na, Prost-Mahlzeit.

Profiteure der Rentenerhöhung

Samstag, 26. Juli 2008

Nun habe ich also meine wahnsinnige Rentenerhöhung von 1,1 % bekommen und das eine Bier, das ich mir dafür kaufen konnte, schon getrunken. Wer hier aber wirklich profitiert, sind die Krankenkassen und die Pflegeversicherung. Denn die kassieren ca. 50% von allen Aufstockungen. Diesen Not leidenden Krankenversicherungen helfen wir ja schon seit längerer Zeit nicht nur durch unsere Beiträge. Erinnern Sie sich noch daran, dass wir mal 20 Mark als Nothilfe für die Krankenhäuser abgedrückt haben? Und dann kam die Praxisgebühr, deren Inkasso die Versicherungen in Mittäterschaft des Gesundheitsministers auch noch den Ärzten aufs Auge gedrückt haben. Solche verwaltungstechnischen Dinge sollten die Kassen gefälligst selbst machen und den Ärzten das Heilen überlassen. Kein Personal? Das würde mich nun doch interessieren, wie viel von unseren Krankenkassenbeiträgen in der Verwaltung versickert. Meine Krankenkasse hat jedenfalls Geld dafür, mir monatlich einen Hochglanzprospekt, angefüllt mit reichlich Eigenlob zu schicken.

Andererseits schlucken die Kliniken auch nicht gerade wenig. Ich weiß wirklich nicht, was an einem Krankenbett täglich 400 € kostet. Vermutlich schlägt da die Apanage des Herrn Chefarzt (Prof.Dr.Dr.) durch. Ob man diese Koryphäe wirklich braucht, im Kreiskrankenhaus? Für 400 Euronen täglich kann man sich doch im Grand Hotel ein schönes Balkonzimmer mieten und als Privatpatient den Herrn Dr. täglich kommen lassen, nicht wahr? Ich selbst brauche, um einer Prostataoperation vorzubeugen, täglich eine Tablette. Diese hat früher DM 3.-/Stck gekostet, dann mehr als € 1,50 und jetzt verschreibt mir der Doktor eine Generika und die kostet 1,28 €/Stck. Und im Internet kann man dieselbe Pille auch für 0,75 € beziehen. Was dieses Medikament wirklich in der Herstellung kostet, würde mich echt interessieren - da bleibt für den immer jammernden Pharmahersteller wahrscheinlich doch noch ein Scherflein übrig, meinen Sie nicht auch?

Wenn die Kassen ihren Mitgliedern erlauben würden, die verschriebenen Medikamente selbst zu beschaffen und dann bei der sofortigen Erstattung des Preises 30% der Ersparnis zu vergüten, würde ich mir meine Pillen gerne woanders als in der Stadtapotheke besorgen und die Kassen würden viel Geld sparen. Statt Beitragserhöhung - die nächste kommt bestimmt - sollte man auch vielleicht mal die Leute belohnen, die geringere Risiken haben: Nichtraucher zum Beispiel, Normalgewichtige, Gesundsportler (Schwimmer z.B.)

Frage Deinen Abgeordneten!

Montag, 28. Juli 2008

Meine aktuellen Fragen an Abgeordnete: (Darf gerne übernommen werden, um eigene MdBs zu befragen. Der globalisierte Turbo-Kapitalismus eignet sich auf brutalste Art die Existenzgrundlagen insbesondere der wirtschaftlich Schwachen an. Wir haben einen Staat, um die Schwachen zu schützen, damit nicht das Gesetz der Höhle gilt: Der mit der größten Keule hat Recht. Sie als Abgeordneter sollen den Staat im Auftrag der Bürger kontrollieren. Was tun Sie, um diese Aufgabe zu erfüllen? Unternehmen Sie etwas, um die Energiepreise bezahlbar zu halten? Unterstützen Sie die Forderung nach einem erschwinglichen Basiskontingent bei Strom und Gas? Wie stehen Sie zu einer Absenkung der Mehrwertsteuer für Öl und Gas, für Bus und Bahn?

Ausführliche Antwort

Freitag, 22. August 2008

Meine Anfrage an verschiedene Politiker wurde nun von Lothar Binding, MdB(SPD) sehr ausführlich - 5 Seiten! - beantwortet. Empfehlenswert das mal nachzulesen. Steht hier: www.abgeordnetenwatch.de/lothar_binding

----

Was mich schon wieder aufregt, sind die Ankündigungen der Bahn und anderer öffentlicher Verkehrsunternehmen, dass angesichts der gestiegenen Treibstoffpreise die Fahrpreise erhöht werden müssten. Und wie verträgt sich das mit den erheblichen Mehreinnahmen durch wesentlich mehr Fahrgäste, die ihr Auto stehen lassen?

Am Horizont gibt es schon wieder eine Sache, die im Keim erstickt werden muss: Anonyme Investoren wollen sich die Trinkwasserversorgung der Kommunen unter den Nagel reißen mit der fadenscheinigen Begründung, dass es dann billiger würde für den Verbraucher. Das mag kurzfristig sogar zutreffen, denn die Kommunen sind auch nicht gerade zimperlich mit den Wasserpreisen - aber wer dann als Privatunternehmen das Wassermonopol hat, wird um Erklärungen, warum das Wasser nun bei schlechterer Qualität doch teurer werden muss, nicht verlegen sein. Wehret den Anfängen!!

Midi-Job ist gut für Altersrentner

Donnerstag, 25. September 2008

Mancher Altersrentner bekommt eine so kleine Rente, dass ihm nichts anderes übrig bleibt, als noch dazu zuverdienen - so wie es mir geht. Meistens kommen dafür diese so genannten 400-€-Jobs in Frage, was aber nicht wirklich eine ideale Lösung ist . Denn viel besser kommen beide, nämlich Arbeitgeber und Arbeitnehmer, mit einem sog. Midi-Job weg, mit dem man bis zu € 800,- pro Monat verdienen darf.

Hier mal ein Beispiel: Angenommen mal, der Altersrentner ist verheiratet und hat infolgedessen die Lohnsteuerklasse drei, zum Beispiel weil Oma nichts mitverdient. Wenn er sich dann einen Job sucht, bei dem wären zum Beispiel € 799,- verdient, dann ergeben sich folgende Abzüge:

Lohnsteuer: € 0,0 Kirchensteuer: € 0,0 Solidaritätszuschlag: € 0,0 Krankenversicherung € 62,18 Pflegeversicherung: € 7,79 Rentenversicherungen: € 0,0 Arbeitslosenversicherung: € 0,0 Monatliches Nettoentgelt: € 728,52 Arbeitgeberbelastung: € 862,32 also immer noch deutlich weniger als die 25% beim 400 Euro-Job Würde der Altersrentner jedoch nur € 410,- verdienen, so hätte er € 12,38 Abzüge, und der Arbeitgeber eine Belastung von € 442,49

Wenn dann der Arbeitgeber seine soziale Ader entdeckt und seinem Mitarbeiter die € 12,38 aus der Privattasche bezahlt, dann würde ihn das also € 454,87 kosten, also € 32,- weniger wie bei einem € 400,- Job kosten. Leider ist bei Arbeitgebern aber das Krankheitsbild "Gier frisst Hirn" weit verbreitet. Deshalb ist der Rentner gut beraten, wenn er seinem potenziellen Arbeitgeber schon im Voraus diese Rechnung vorlegt. Bei der Gelegenheit kann man ihm dann auch sagen, dass jeder Arbeitnehmer, also auch mit Mini- oder dem Midi-Job, Anspruch auf bezahlten Urlaub hat. Dann bräuchte der Arbeitgeber sich auch nicht erpressbar machen, wie das zum Beispiel bei der so beliebten Schwarzarbeit der Fall ist.

Rentner wurden wieder vergessen!

Montag, 6. Oktober 2008

Angesichts des weltweiten Finanzdesasters, das auch, wie kaum anders zu erwarten, zu uns herüberschwappt, übt sich die Bundesregierung in Regieren. Sie wird tätig. Jetzt hat sie trotz mancher (womöglich berechtigter?) Warnungen, diesen gemeinsamen Einzahlungstopf abgesegnet, in den alle Kassenbeiträge eingezahlt werden sollen und aus dem dann die Kassen ihr Geld bekommen. Vielleicht ist das auch wieder ein Bürokratie-Monster, ich weiß es nicht. Was ich aber weiß ist, dass ich jetzt ab 1.1.09 einen Kassenbeitrag von 15.5% zu zahlen habe. "Ja" sagt die Bundesregierung, "damit das sozialverträglich abläuft, ermäßigen wir den Beitrag für die Arbeitslosenversicherung um 0,6%, dann ist's wie vorher." Mag sein, für Leute, die einen Job haben. Als Rentner habe ich aber keine Arbeitslosenversicherung, sehr wohl jedoch die gesetzliche Krankenversicherung. Und die ist bei mir dann wohl mehr als ein ganzes Prozent teurer, denn bisher hatte ich 14,3% zu zahlen. Es wird Zeit, dass wir Rentner eine bessere Lobby in Berlin bekommen! Rentner und Rentner ist noch lange nicht dasselbe

Freitag, 28. November 2008

Wer das Glück hatte, sein Leben lang eine gut bezahlte Stelle gehabt zu haben, ist auch als Rentner fein raus. Da dürften auch sonst die Lebensumstände als gesichert gelten und wenn dann monatlich, na sagen wir mal, noch so ab 1400 oder mehr Euro eintreffen, ist einem finanziell angenehmen Lebensabend kaum noch zu entkommen. Dieser Rentner braucht an der Museumskasse keine Ermäßigung. Ganz anders sieht die Sache aus, wenn man im Leben nicht so viel Glück hatte - entweder immer nur mies bezahlte Billigjobs hatte (ja.ja dumm geboren und nichts dazu gelernt, ich weiß schon, aber vielleicht auch deshalb nichts gelernt, weil ab 14 Jahren Geld verdienen angesagt war, der Vater im Krieg gefallen und die Mutter mit drei Kindern musste schon damals von der Stütze leben) Oder, häufig genug, war jemand als kleiner Selbstständiger dauernd im Kampf mit Regulierungen der Behörden, unlauteren Machenschaften der Konkurrenz, Verlierer bei jeder Wirtschaftskrise, Gelackmeierter bei den Banken, ausgelutscht vom Finanzamt und kaum in der Lage, monatlich genug zusammenzukratzen, dass es für die private Krankenversicherung reichte. Der hat nichts oder wenig „geklebt" für seine Rentenversicherung, weil es einfach nicht da war. Logisch hat der heute dann eine entsprechende Minirente. Und der kann sich das Museum dann eben nicht leisten. Kultur nur für besser Verdienende? Das kann's doch wohl nicht sein, zumal der Staat eben diese Kulturstätten (das ist auch richtig so) fördert und unterstützt. Was ich hier fordere, ist die amtliche Ausstellung eines bundesweit geltenden

Sozialausweises für alle Leute, die mit weniger als die jeweils festgelegte Armutsgrenze auskommen müssen. Und wer diesen Sozialausweis hat und vorzeigt, muss eben billiger ins Museum oder Theater kommen,

Manche Länder gibt es, da sind die öffentlichen Verkehrsmittel für diese Menschen gratis. Ginge das hier nicht? Das ist es, was ich unter einem Sozialstaat verstehe und da hat diese Republik noch jede Menge Handlungsbedarf. Geldfrage? Angesichts der Milliarden, die momentan für Investment-Zocker ausgegeben werden, doch wohl erschwinglich. Und da fällt mir immer ein: Brauchen wir so viele neue Eurofighter? Wird als Luftüberlegenheits- Jagdflugzeug beschafft - Überlegenheit über wen eigentlich?

Ab sofort der Ideal-Kunde für Krankenkassen: Der Kleinrentner!

Mittwoch, 24. Dezember 2008

Ob der "Stern" mit seinem Vorwurf an Ulla und Angie mit der Krankenversicherungsreform den "Pfusch des Jahres" geschaffen zu haben, recht hatte oder nicht, kann ich nicht wirklich beurteilen, aber wahrscheinlich schon.

Jetzt habe ich mich mal mit den neuen Beitragsregeln beschäftigt und folgendes herausgefunden: Als Kleinrentner zahle ich jetzt 15,5% Beitrag, vorher waren es bei meiner Kasse 13,8 + 0,9%, also 14,7% . Da will ich mal nicht meckern, denn den Aufschlag hab ich durch die Super- Rentenerhöhung des vergangenen Jahres (wissen wir doch noch: (1,1% !!) ja nicht nur kompensieren können, sondern sogar noch 2 € Überschuss gehabt. Übrigens: Gerade so viel hat davon auch meine Krankenkasse bekommen. Diese schönen Mehreinnahmen der Kassen durch die jeweiligen Rentenanpassungen (an die Inflationsrate, diese ist jedoch deutlich schneller!) sind nun leider vorbei. Dafür sind speziell wir Kleinrentner nun der ideale Kunde geworden. Und warum? Leicht an meinem Beispiel zu erklären: Bisher bekam meine Kasse von mir bzw. meinem Rentenversicherer monatlich rund 70 € . Da hat der Hauptkassierer der Krankenkasse immer trocken schlucken müssen, denn - sind wir mal ehrlich - für 70 € kann man sich keinen Diabetes Typ II oder womöglich noch sonstige Zipperlein leisten - ein echtes Draufzahlgeschäft für die Kasse. (Ich muss z.B. täglich eine Pille nehmen, die früher 1,40€ kostete und jetzt als Generikum, immer noch 0,67 € kostet) Ganz anders sieht das aus ab dem 1.1.09. Da gibt's pro Rentner-Nase einen Pauschalbetrag für die Kasse: 185,64 € , wovon allerdings die Kasse wieder 172,70 abgeben muss. Nicht so, wenn ich krank bin. Da gibt's die Grundgebühr und noch je nach hübscher Krankheit (gerne z.B. Leberzirrhose 96,96 oder Herzinsuffizienz 112,70) was dazu. Was lernen wir daraus? Die Krankenkasse hat größtes Interesse daran, dass die Rentner schön krank sind, nicht wahr. Auf jeden Fall gibt's pro Kleinrentner mehr Kohle wie bisher, vorausgesetzt, er ist nicht zu gesund. Es heißt ja schließlich auch nicht

"Gesundenkasse".

Deutscher(?) Tanker gekidnapped

Freitag, 30. Januar 2009

Nun wurde doch - trotz Begleitschutz - ein im Konvoi fahrender deutscher Tanker vor Somalia von Piraten geentert und entführt. Aha, deutsches Schiff. Schlimm. Das muss man sich aber mal näher beschauen: Der Kahn hat als Heimathafen Nassau. Nein, nicht Nassau in Deutschland - Nassau auf den Bahamas. An Bord waren 12 Filipinos und ein indonesischer Kapitän. Was ist denn da noch deutsch an der Schaluppe? Der Eigentümer. Und vielleicht auch noch die Fracht. Warum ich das hier in den Sozialblog schreibe? Weil ich der Meinung bin, ein Deutsches Schiff hat einen deutschen Reeder, eine deutsche Besatzung und einen deutschen Heimathafen. Hier ist nur noch der Reeder deutsch. Und warum? Weil er einer deutschen Besatzung deutsche Löhne zahlen müsste und deutsches Arbeitsrecht Geltung hätte. Und weil er Gewinne lieber in Nassau/Bahamas, also gar nicht versteuert. Vermutlich gibt's aber eine Möglichkeit, eventuelle Verluste in Deutschland abzuschreiben. Weil aber der Herr Reeder diese Kohle lieber selbst einsackt, hat er deshalb seinen Dampfer ausgeflaggt. Das Wort "sozial" kann der sowieso nicht buchstabieren. Und dass er das darf, verdankt einem Dicken aus Oggersheim, der mal (zu) lange Kanzler war und der volles Verständnis für solch ein Verhalten ("Bimbes") hatte und ein entsprechendes Gesetz ins Deutsche Seerecht einbrachte.

Donnerwetter!

Donnerstag, 15. Januar 2009

Das hätte ich jetzt nicht erwartet: Mein Wohngeld hat sich von € 20.- auf € 89,- pro Monat erhöht. Das sind ja 400 % ! Wahrscheinlich haben sich die zuständigen Leute erstmals mit den tatsächlich bisher ausgezahlten Beträgen befasst und diese in Relation zu ihrem eigenen Einkommen gesetzt. Und man sollte es kaum glauben: Da haben sie doch tatsächlich gemerkt, dass ein Wohngeld von zum Beispiel 20.- € bei den heute so anzutreffenden Mieten nicht wirklich eine soziale Leistung dargestellt hat. (Nur mal zum vergleichen: ein völlig unnötiger Eurofighter kostet EUR 109.380.000,-) So gesehen fühle ich mich nun doch nicht gerade zu wohltätig behandelt.

Ganz unverfroren: Die Postbank

Freitag, 6. März 2009

Die Zentralbanken geben sich größte Mühe, dass die Wirtschaft wieder günstige Bankkredite bekommt, um die Auswirkungen der Finanzkrise abzumildern. Da gibt die Postbank ein schönes Beispiel sozialer Einstellung: SIE HAT DEN GENEHMIGTEN DISPO VON 12 AUF 13 % ERHÖHT und den geduldeten Überziehungskredit auf kundenfreundliche 17 % gestellt. Bei diesen Unverschämtheiten sieht man mal wieder, mit welchen Leuten man es bei den Banken zu tun hat. Klar, dass die Banken sich untereinander nicht vertrauen. Sie wissen schließlich, mit wem man es da zu tun hat.

Ursache vieler Übel im Arbeitsbereich

Montag, 27. April 2009

Vor etlichen Jahren wurde das so genannte 624-Mark-Gsetz eingeführt. Es sollte geringfügige Beschäftigungen ermöglichen und vereinfachen und kleinen Gewerbetreibenden (insbesondere in der Gastronomie) zu Hilfskräften speziell für zeitlich begrenzte Aufgaben verhelfen. Soweit so gut. Leider haben damals die Politiker wieder mal, wie so oft, die Sache nicht bis zu Ende durchgedacht. Denn dann hätten Sie diese Möglichkeit für Großfirmen mit vielen Beschäftigten begrenzt. Denn was ist daraufhin geschehen? Großfirmen mit vielen Arbeitnehmern haben alle Möglichkeiten ausgeschöpft, regulär beschäftigten Mitarbeitern zu kündigen. Nicht weil keine Arbeit mehr dafür da war - nein, um sich aus ihrer sozialen Verantwortung zu stehlen. Denn die Leute wurden sofort wieder als geringfügig Beschäftigte nach dem oben genannten Gesetz eingestellt. Das ist mit der Umstellung auf das 400-€ Gesetz keineswegs geändert worden, obwohl sich die Gelegenheit dazu wirklich angeboten hätte.

Da fragt man sich tatsächlich: Ist das von bestimmten Politikern gewollt, um die Gewinne mancher verantwortloser Unternehmer zu optimieren? Da wird dann noch das Mäntelchen der sozialen Wohlfahrt herum gehängt: Seht her, da geben wir doch manchen Leuten, die sonst gar keine Arbeit hätten, wenigstens ein bisschen Verdienstmöglichkeit. Ich habe dem Arbeitsminister vorgeschlagen, sich darum zu bemühen, diese Vorschrift insofern zu ändern, dass eine Firma nur zu einem bestimmten Prozentsatz ihrer Arbeitnehmer diese nach diesem Modell beschäftigen darf. Also beispielsweise: Wenn eine Firma 1000 Beschäftigte hat, dürfen nur 100 nach dem 400 € -Gesetz beschäftigt werden. Also 10% und nicht mehr. Das könnte man noch an eine Mindestzahl an Beschäftigten koppeln - vielleicht 10 Mitarbeiter, sodass dem Kleinunternehmer nach wie vor die

Möglichkeit bleibt, für zeitlich befristete Arbeiten Hilfskräfte zu bekommen. Ach so: Bis jetzt hat mir das Ministerium des Herrn Scholz noch keine Antwort geschickt.

Zeitgeist - ein unglaublicher (?) Film

Sonntag, 5. Juli 2009

Hallo, gerade habe ich mir 1h:56' lang den Film "Zeitgeist" im Internet angesehen. Der Film besteht aus 3 Teilen, wobei sich der 1.Teil mit Religion befasst und da schon meiner Auffassung entspricht. Allerdings werden da einige geschichtliche Tatsachen erzählt, die mir nicht nur neu, sondern auch hochinteressant waren. Im zweiten Teil geht es um den Terrorismus und da werden Dinge behauptet, die man einfach kaum glauben mag, die aber immer glaubwürdiger werden, je länger man dem Film zuschaut. Der dritte Teil behauptet, dass wir alle nur willenlose Figuren in einem globalen Spiel sind, wie wir immer mehr entmündigt werden und wer hinter allen diesen gewissenlosen Manipulationen steht und hat auch - obwohl er aus dem Jahr 2007 stammt, einen ganz aktuellen Bezug mit der Krise.

Ich empfehle jedem Menschen, dem daran gelegen ist, herauszufinden, ob und wie er benutzt und missbraucht wird, sich den Film unbedingt anzuschauen. Die Zeit sollte man sich wirklich nehmen und - Versprochen - sie vergeht wie im Fluge! Zu erreichen unter Google-Suche: "zeitgeist" (täglich ca. 70.000 downloads!)

Soziales Jahr für alle 18-Jährigen

Freitag, 7. August 2009

"We are born to spray" war in zufällig mal richtigem Englisch an unserem Bahnhofsgebäude zu lesen und ist eine zutreffende Kernaussage vieler Jugendlicher von heute. Unser Bahnhof liefert auch sonst ein beredtes Zeugnis davon, womit sich viele (sicherlich nicht alle) Jugendlichen heutzutage beschäftigen: Zerstörung von Allgemein- und Privateigentum, Verunglimpfung von anderen Gruppen "fuckU Murat" , Komasaufen, Randale, Hinterlassung von möglichst viel Unrat, vorsätzliche Missachtung von Vorschriften jeder Art und dergleichen mehr. Jugendliche finden nichts mehr dabei, ihre dreckigen Schuhe auf dem Polster des gegenüberliegenden Sitzes abzuwischen, ihre ausgetrunkenen Bierflaschen einfach an Ort und Stelle stehen zu lassen, Bahn- und Busfensterscheiben mit scharfen Gegenständen zu verkratzen oder eine Toilette so zu verlassen, wie man sie wirklich nicht anzutreffen wünscht. Kontroverse Diskussionen werden nur schreiend ausgetragen, wenn denn überhaupt eine verbale Kompetenz vorhanden ist. In den dann scheint's unvermeidlich (ohne "Beißhemmung") folgenden tätlichen Angriffen gibt es oft keine soziale

Hemmschwelle mehr, auch auf ein am Boden liegendes Opfer wird mit Schuhen eingetreten, ohne die geringsten Bedenken, welche Folgeschäden dieser Mensch womöglich davontragen wird. Die Polizei sagt: "Wenn wir dahin kommen, sind es alles ganz brave Jungens" Klar, wenn man das Polizeiauto auch im Dunkeln schon von weitem an den Dachaufbauten erkennt. Dass Heranwachsende schon immer ein Problem waren, kann man schon bei Goethe nachlesen, aber ob es damals auch schon so heftig war? Die Hintergründe derart verwahrloster Sitten liegen oft genug in der Familie, die manchmal keinen Deut besser ist. Mein Vorschlag zur Lösung dieser Probleme ist die Einführung eines "Sozialen Jahres" für alle Heranwachsenden, also auch den Mädchen, gleichzeitig Abschaffung der Wehrpflicht. Da würde Mancher erst einmal lernen, sich in eine Gemeinschaft einzufügen, denn er wäre mit Sicherheit nicht mehr in seiner "Clique" , wo er sich vielleicht durch besondere Brutalität eine Vorrangstellung erkämpft hat. Möglicherweise käme er dann sogar in ein Umfeld, wo ihm seine sozialen Defizite von ganz alleine aufgehen. Nein, ich plädiere hier nicht für eine Neuauflage des NS-Arbeitsdienstes. Sondern dass durch dieses "Soziale Jahr= SJ" wirklich jedem klar gemacht würde, dass eine Gemeinschaft nur funktioniert, wenn auch eine gemeinsame Mindest-Ethik vorhanden ist. Beispiel: Wenn der Oberrambo der Bahnhofs-Clique gezwungenermaßen bei der Feuerwehr mitmachen muss, wüssten die Feuerwehrleute bestimmt, wie man den kirre kriegt. Und die Hoffnung ist, dass es dem dann nach einer Weile dort doch gefällt und er sein zukünftiges Verhalten ändert. Wer einer Fassaden-Putzkolonne zugeteilt wird, welche Graffitis entfernen muss, wird möglicherweise dieses "Hobby" aufgeben oder sich wenigstens überlegen, welche Wände dafür in Frage kommen. Die kommunale Fassaden-Putzkolonne (oder ähnliche Organisationen) gibt's heute leider nicht. Warum nicht? Weil kein Geld dafür da ist. Wer sein SJ ableistet, bekommt dafür nur ein Taschengeld (entsprechend dem Wehrsold) und deshalb würden viele dringend notwendige soziale Vorhaben plötzlich erschwinglich. Das SJ muss ja gar nicht ein ganzes Jahr dauern, vermutlich tut's ein halbes Jahr auch. Die Abschaffung der allgemeinen Wehrpflicht (die ist auch ungerecht, weil die Mädchen nicht inbegriffen sind) scheitert wahrscheinlich auch daran, dass niemand weiß, womit die ZiVis ersetzt werden sollen. Soldaten, wenn sie denn überhaupt notwendig sein sollten, müssen heutzutage derart komplexe Waffensysteme beherrschen, dass es für einen Wehrdienstler sowieso unmöglich ist, diese in der kurzen Zeit wirklich zu erlernen. Fragen Sie doch mal ihren Abgeordneten (www.abgeordnetenwatch.de), was er dazu meint.

Zur Wahl: wenigstens hingehen!

Mittwoch, 2. September 2009

Man hört immer wieder, dass mancher nicht weiß, was er denn wählen soll. Das mag ja sein. Aber deshalb der Wahl fern zu bleiben, ist ganz falsch! Denn damit hat man ja gewählt, ohne es zu merken. Denn dann kommt diese Nichtstimme im Prinzip dem Wahlgewinner zugute. Und es kann ja sein, dass man genau das gar nicht wollte. Auch ist interessant zu wissen, wie die Parteien Wahlgelder vom Staat bekommen: Das Wahlgeld wird prozentual nach dem Stimmenerhalt aufgeteilt, und zwar zählen dazu auch die Nichtwähler. Was aber nicht angerechnet wird, sind die ungültigen Stimmen. Ich war auch schon mal Wahlhelfer. Und bei der Gelegenheit habe ich gemerkt, dass gerade die ungültigen Stimmen sorgfältig zusammengesammelt und dann wohl auch beachtet wird, was da jeweils vermerkt wurde. Wollen wir doch auch nicht vergessen, wie sehr sich manche Völker die Möglichkeit einer freien Wahl herbeisehnen - und hier, wo wir sie haben, geht ein großer Prozentsatz der Wahlberechtigten gar nicht hin. UNGLAUBLICH! ALSO: Wenigstens HINGEHEN!

Wahlbeteiligung wieder ein Rekord!

Mittwoch, 7. Oktober 2009

Jetzt haben die Deutschen wieder mal einen Rekord aufgestellt: In der Wahlverweigerung. Denn die 70,8 % der deutschen Wähler , die hingegangen sind, bilden das magerste Ergebnis seit je. Toll! Also rund einem Drittel der Deutschen ist es schlicht wurscht, wer sie regiert. Dabei ist es dem Ohnemichel wahrscheinlich gar nicht bewusst, dass er doch gewählt hat, und zwar die Partei, welche die Wahl gewonnen hat. Aber jetzt bekommt er dank FDP die Große Freiheit. Dazu gehört auch die Freiheit, sich ganz autark die Brücke auszusuchen, unter der man schlafen möchte. Es gehört auch dazu die Freiheit, einen Job für 3,50 € /h anzutreten oder abzulehnen, weil Leistung sich wieder lohnen muss. Zieh dich warm an, kleiner Mann! Und wer hat die weltweite Finanzkrise verschuldet? Doch wohl das absolut unkontrollierte (freie!) Bankwesen. Aber genau die Partei, welche dieses System vertritt, wurde wieder gewählt. Dazu kann ich nur einen gewissen Herrn Einstein zitieren: "Die Dummheit der Menschen und das Weltall ist unendlich - beim Weltall bin ich mir aber nicht so sicher."

Idealer Kassenpatient: Der Rentner

Montag, 21. Dezember 2009

Wie das so ist, wenn man älter wird: Seit ich das 75. hinter mir habe, scheint es mir, als sei nun die Garantie abgelaufen und die Reparaturen fangen an. So war ich nun heute beim Hautarzt, weil ich an Armen und Beinen ekligen Juckreiz verspürte. Der Doktor erkannte gleich was es war: Trockene Haut. Abhilfe Creme mit Urea. Und dann bat er mich noch zu einer Blutentnahme. Entsteht bei mir die Frage warum? Der Doktor wird gegenüber der Kasse sicherlich eine fachlich begründete, wenn vermutlich auch fadenscheinige Begründung wissen. Ich habe auch eine Vermutung: Blutzapf = Geldzapf Dieses unser Gesundheitssystem ist in der Welt bestimmt einzigartig. Einzigartig in der Kombination Gier der Akteure (Pharma und Kassenärztliche Vereinigungen) und der Bürokratie. Warum sind wir Rentner nun das ideale Kassenmitglied? Weil wir sehr häufig so genannte „Chroniker" sind. So bin ich zum Beispiel latent zuckerkrank. Diabetes Typ II , das Übliche. Den Versuchen meiner Ärzte, mich an den Dauertropf in Form von Tabletten zu hängen, habe ich mittels genauer Studien von Fachinformationen über diese Krankheit (viel gibt's im Internet, besonders, wenn man auch noch Englisch kann) widersetzen können, da in meinem Stadium unnötig. Aber ich bin im sogenannten DMP-Programm. (DiseaseManagementProgram) und deshalb muss ich jedes Quartal zum Doktor zum Checken. Zwei mal im Jahr tät's auch. Ich glaube, die Kasse zahlt dem Doc für seine 5 Minuten Bemühung dafür ca. 35 Euro. Trotz Bürokratie ist das doch ein ordentlicher Stundensatz, der vielleicht auch mal den definitiv unterbezahlten Hausbesuch bei einem Anderen kompensiert.

Und jetzt kommt's: Die Kasse bekommt für mich, weil Chroniker, einen ordentlichen Batzen Geld vom Staat. (Ich habe was von ca. 900 € gehört, weiß aber nicht, ob das so zutrifft, vermutlich schon.) Das hat uns die Ulla Schmidt noch hinterlassen und wird binnen kürzester Zeit dazu führen, dass wir ein Volk von Kranken werden. Denn der Arzt, der es nicht schafft, bei einem vermeintlich Gesunden, eine Krankheit zu finden, hat seinen Beruf verfehlt. Im Moment läuft ja gerade die Schweingrippe. Zwar verläuft diese überwiegend harmlos, aber die Medien und die Pharmaindustrie haben es geschafft, dem Staat mal wieder ein paar Milliarden herauszulocken, um das Volk mit Impfstoff zu versorgen, den das Volk gar nicht will. Ich hätte was Billigeres, dafür wahrscheinlich Wirksameres gewusst: 1 Million Sprühflaschen mit Desinfektionsmittel für die Hände per Gesetz vorhalten an allen Stellen, wo Menschen zusammenkommen: in der Bahn, in der Bibliothek, im Hotel, im Kino, an Kaufhauseingängen, in Ämtern, in der Kegelbahn; ach ja: auch und gerade da: in Arztpraxen. Und dem Doktor nicht die Hand geben!

Unser aufmerksames Parlament

Donnerstag, 21. Januar 2010

Gestern war und auch noch heute ist ja eine interessante Debatte im Bundestag. Die Opposition sagt der Regierung, dass sie unfähig ist. Da werden zum Teil richtig gute Reden gehalten - auch rethorisch gut. Manche Abgeordneten können das. Also wenn ich dort Redner wäre, würde ich mir immer ein paar alte Schuhe mit ans Rednerpult nehmen und denjenigen aus dem Auditorium an den Kopf werfen, die während meiner lange vorbereiteten Rede in ihren Akten blättern, telefonieren, oder sich mit dem Nachbarn unterhalten. Ich halte das nicht nur für absolut ungezogen, sondern schlicht ignorant und unverschämt. Zuzuhören, wenn einem ein anderer etwas zu sagen hat, gebietet schon die Höflichkeit. Aber sind unsere Abgeordneten nicht ein stimmiges Abbild des ganzen Volkes? Eine Super-Gesellschaft sind wir inzwischen. Toll. PS: Wenn ich den von mir gewählten Abgeordneten solcher Art einmal erwischen sollte, bekommt er von mir über "www.Abgeordnetenwatch.de" eine öffentliche Anfrage zu diesem Verhalten. Das sollten Sie auch tun.

Soziale Gerechtigkeit und die FDP

Samstag, 6. Februar 2010

Zunächst hätte ich hier einmal eine kleine Lerneinheit für FDP-Wähler und ihre Abgeordneten: Buchstabieren Sie mal ganz langsam zur Übung: S O Z I A L Hat schon geklappt? Nochmal: S O Z I A L Vermutlich nicht nur ich bin hoch begeistert von den politischen Vorhaben der FDP. Das war dringend nötig, dass Rechtsanwälte, Steuerberater, Zahnärzte, Chefärzte und ähnlich Not leidende Berufsgruppen - nicht zuletzt arme Hoteliers (Mövenpick!) endlich mal wieder Vertreter in der Regierung haben, die was für sie tun. Besonders toll finde ich den exorbitanten Gerechtigkeitssinn des Herrn Dr. Rösler: „Gleiche Kassenprämien für alle" Das trieft förmlich vor Gerechtigkeit: Nehmen wir mal zum Beispiel den zZt. gültigen Kasssenbeitrag von, 15,5 % Nehmen wir dann einen unterbezahlten Assistenzarzt, der vielleicht 4000 brutto hat, der zahlt jetzt 620 € Nehmen wir nun eine opulent bezahlte Verkäuferin (nicht die vom Schlecker, die bekommen weniger) die hat evtl. 1500 € in der Tüte und davon leistet sie 232,50 Wenn man diese beiden Verdienste mittelt = 2750 € wäre Rösler-gerecht für beide also 426 € Nun ist es bisher so, dass davon der Arbeitgeber die Hälfte zahlt, (weil nämlich die Arbeitnehmer auch während oder wegen der Arbeit krank werden) aber das will die FDP ja auch abschaffen. Ja, mehr Netto vom Brutto - für den besser Verdienenden. Also Herr Doktor hat noch 3690 € und die Verkäuferin hat üppige 1384 € Herr Doktor muss davon wahrscheinlich noch Steuern zahlen (welche CDU +FDP ja kürzen wollen) die Verkäuferin natürlich nicht, kommt aber auch nicht in den Genuss von Steuerermäßigungen, zahlt zum Beispiel Ihren Fahrkilometer zur Arbeit ohne Staatszuschuss komplett selbst. (Hier denkt die Koalition über eine gleichmäßige Steuer von 25 % für alle nach - toll, findet die Verkäuferin sicherlich super, denn dann könnte sie ja die Fahrkilometer absetzen. !) Wie der Kassen-Anteil dann bei meiner Kleinrente von 457 € aussieht (z Zt 37 €) würde mich schon auch interessieren. Da freue ich mich schon riesig auf die gerechte Kopfpauschale. Ob wenigstens bei diesem Supermodell des Dr. Rösler die besser Verdienenden, nämlich die, welche über 4000 haben und jetzt privat versichert sind, diese Kopfpauschale ebenfalls zahlen müssen? Glaube ich eher weniger. Hier sollte man wissen: Die Schweiz hat nicht nur schöne Berge und gewissenlose Banker (so wie hier auch) sondern noch ein ganz brauchbares Gesundheitssystem, wo nämlich jeder - also auch der hoch Verdienende einzahlen muss. Das bräuchte man in Berlin nur abzuschreiben - aber die erfinden dort lieber das Rad neu. Ach, wenn schon von der Schweiz die Rede ist: Jetzt sprechen die von Bankraub, weil der Staat die hinterzogenen Steuern wieder haben will. Das war unserem Finanzminister anzusehen, wie ungern er diese Daten-CD eingekauft hat - denn wer weiß, welcher arme Millionär, welcher der CDU schon immer so nahe steht - hier wieder auffällt. Nur dumm gelaufen, dass die Öffentlichkeit von diesem Angebot schon erfahren hatte. Das hätte er sonst sicher gerne unter den Teppich gekehrt, mit „das kann der Rechtsstaat nicht machen". Kann er schon, seine Steuerganoven mit ein paar Tricks wieder einfangen. Hallo Herr Westerwelle, mal herhören: Die Steuern sind kein Geschenk des Bürgers an den Staat, sondern der Vereinsbeitrag, der notwendig ist, um Gemeinschaftsaufgaben zu stemmen!. In einem guten Verein werden verdiente Mitglieder, die in wirtschaftliche Not geraten sind, nicht nur vom Beitrag befreit, sondern auch von den anderen unterstützt. Vermutlich sind Sie in keinem Verein - und schon gar nicht in einem, wo das Wort „Sozial" noch einen Inhalt hat. Ach, lieber Leser, sollten Sie da doch Fragen an Ihren bevorzugten Abgeordneten haben: http://www.abgeordnetenwatch.de

BGH kippt Öl-Gaspreis-Bindung - endlich!

Dienstag, 30. März 2010

Ob der Bundesgerichtshof meinen Blog-Post vom 27.10.07 gelesen hat, wage ich zu bezweifeln. Dennoch hat er jetzt die Öl-Gaspreis-Bindung gekippt. Aber wie sich herausstellt, wohl doch kein Grund für uns Kleinverbraucher, zu jubeln. Denn mangels Konkurrenz lassen uns die Gasversorger am langen Arm verhungern und machen wohl auch weiterhin Preise, die in erster Linie auf Gewinnoptimierung ausgerichtet sind. Allerdings gibt es jetzt immerhin keine "automatische" Preiserhöhung mehr. Sondern nun müssen sich die Gasmultis wenigstens in kreativen Begründungen üben, wenn sie die Preise anheben wollen. Ein kleiner Trost. Jeder sollte sich aber mal seine Gasverträge im Kleingedruckten genauer ansehen, ob da vielleicht die Gas-Ölpreisbindung als Vertragsgrundlage steht. Dann aber nichts wie hin und Geld zurück fordern.

Schweizer Sozialratschläge? Nein danke

Montag, 22. März 2010

Gestern, am 21.3.10 war bei Anne Will wieder einmal dieser schmallippige Schweizer Kapital-Lobbyist Kröppel zu sehen. Was hat der überhaupt in deutschen Polit-Talkshows zu suchen? Ich glaube, gar nichts. Wir brauchen bestimmt keine Ratschläge zum Sozialsystem von Schweizern. Zumal die Schweizer gerade nicht besonders gut auf uns Deutsche zu sprechen sind, weil wir den krummen Machenschaften der Schweizer Banker und deren deutschen Steuerhinterziehern auf die Schliche gekommen sind. Das passt den Eidgenossen natürlich gar nicht, dass ihr schöner Export-Artikel "Parkplatz für kriminelle Gelder" in den Schlagzeilen ist und womöglich Einbußen hinnehmen muss. Sie drohen uns gar mit Liebes-Entzug. Das trifft mich - und wahrscheinlich viele andere Deutsche - aber überhaupt nicht, denn Schwarzgeld habe ich sowieso nicht, Schweizer Uhren brauche ich nicht, ebenso wenig wie Taschenmesser und Pillen lasse ich auch in Deutschland drehen. Und wenn ich diesen Dumm-Schwätzer Kröppel noch mal irgendwo sehe, schalte ich auf einen anderen Kanal - was ich hiermit auch den Lesern dieses Blogs empfehle.

Deutschland liegt vorn!

Montag, 12. April 2010

Bis vor kurzem habe ich gedacht, dieser erste Platz gebühre Griechenland oder vielleicht auch Uganda. Nein, der Weltmeister sind erstaunlicherweise wir. Wer hätte das gedacht. Ahnen Sie schon in welcher Disziplin? Richtig - in der Korruption!! Die OECD verortet die BRD auf diesem Gebiet also noch unter Uganda, nur dass man es hier nicht so offen sieht. Wo nehme ich nun diese Weisheit her? Ich verrate es gleich. Aber vorher denken Sie doch mal ein wenig nach. Wie war das denn mit den Parteispenden bei Kohl und Koch? Wie war das noch mit dem Herrn Schreiber? Oder dem Herrn Pfahls? Wie ist eigentlich die Politik in die Geschichte mit der Bayern-LB und der Adria-Bank verwickelt? Was war denn das mit Siemens? Momentan zahlt Daimler-Benz in USA 180 Millionen $, um aus einer Bestechungsaffaire raus zu kommen. Die FDP streitet Zusammenhänge zwischen der Millionenspende des Hoteliers Mövenpick und der MwSt-Reduzierung für Hotels ganz frech ab. Das ist nur die Spitze des Eisbergs, weiß ich jetzt. Denn bei der Talk-Schau "Pelzig unterhält sich" war am Freitag ein Kriminalhauptkommissar aus Würzburg, der kein Blatt vor den Mund genommen hat, obwohl auch seine Dienstherren und sogar die Regierung ihn schon unverhohlen bedroht haben. Er ist nämlich im Ressort gegen Korruption tätig. Das Gesundheitssystem, erläuterte er, sei voll unterwandert und die Pharmakonzerne tragen schon mafiöse Züge und wären politisch eigentlich nicht mehr zu beherrschen. Die italienische Mafia zum Beispiel, nutzt Deutschland, um ihre Gelder zu waschen (meine Meinung dazu: das geschieht u.a. in den Spielhallen, hier im kleinen Lampertheim gibt es 7 davon) Was der allgegenwärtigen Korruption nutzt, ist auch die föderale Struktur der Republik. Es gibt keine übergeordnete, in allen Bundesländern wirkende unabhängige Organisation, um dagegen anzukämpfen. Siehe auch die fadenscheinigen Aus- reden der Baden-Württembergischen Regierung, als es darum ging, die Steuerhinterzieher-CD zu kaufen. Der Kommissar machte eigentlich den Eindruck eines Kämpfers auf verlorenem Posten. Er stellte auch das politische System in Frage, denn wenn in den Hinterzimmern schon abgesprochen wird, wer welchen Posten bekommt, kann von Demokratie nicht mehr wirklich die Rede sein. Es ist schlimm, in der Tat. Ich überlege dauernd, was denn da politisch helfen könnte. Vielleicht, dass man keine Fraktionen innerhalb der Parlamente mehr zulässt? Damit jeder Abgeordnete nur dann einen Posten bekommen kann, wenn er auch persönlich dafür kandidiert und dann auch dafür gewählt wird? Wenn auf diese Art die ganze Regierung nur persönlich gewählt werden kann? Da werde ich mal auf dem Portal "www.abgeordnetenwatch" einigen Politikern entsprechende Fragen stellen und bin mal gespannt auf deren kreative Ausreden. Wäre 'ne gute Idee, wenn auch meine Leser da mal aktiv würden.

Was nutzt Verbot der globalen Finanz-Zockerei?

Mittwoch, 12. Mai 2010

Um es vorwegzunehmen: Gar nichts. Warum nicht? Weil es immer Staaten geben wird, die genau dann ein eigenes Casino aufmachen würden. Mit Garantie für Reichtum. Welche Staaten oder Länder das sein würden? Nun zum Beispiel Iran, Korea, Ghana, Kongo - um nur mal ein paar zu nennen, denen man dieses Casino ja nicht verbieten könnte, bzw. denen ein Verbot (von wem denn?) egal wäre. Und die Spieler - also die Geldfonds, etc? Könnte man diesen verbieten, ihre Spiele zu treiben? Wie denn, bitte schön? Die sitzen irgendwo in der Welt an ihrem Computer und die Transaktionen von Milliarden sind nur einen Mausklick weit entfernt. Denn das muss man ja auch wissen: die Gewinne aus diesen Spekulationen werden auch da versteuert, wo die Börsen sind. England zum Beispiel, ebt zum großen Teil davon. Ich habe mit Leuten gesprochen, die sich auskennen in der Finanzwelt. Die Spekulationen auf den Euro könnte man nur dann abwürgen, wenn alle Euroländer endlich ihre Haushalte in Ordnung bringen würden - also nicht mehr ausgeben, als sie einnehmen. Da das aber nicht wirklich auf Dauer anzunehmen ist, auch Deutschland hat ja die Kleinigkeit von

1,5000.000.000.000 € Schulden, im Moment mit ca. 2 % zu verzinsen. Und was ist, wenn der Zins ansteigt? Dann ist auch Deutschland pleite - und die Inflation ist da. Die leichteste Art eine Inflation auszulösen ist Geld drucken - und das macht gerade die EZB indem sie Papiere von Ländern wie Griechenland etc. aufkauft, die eigentlich unverkäuflich - also nichts wert sind.

Früher haben Länder in dieser Situation einfach einen Krieg angefangen, meistens auch verloren und die Verantwortlichen haben sich dann in ein Exil abgesetzt, rechtzeitig bevor man sie aufgehängt hat. Heute sprechen sie großmäulig von Verantwortung - und wenn man sie dann, weil sie wieder alles versiebt haben - diese Verantwortung auch tragen müssten, also in den Knast gehen und ihr Vermögen verlieren, treten sie ganz einfach nur zurück, meist auch noch ohne Entschuldigung. Und leben weiter in Saus und Braus. Gehen wir also ruhig davon aus, dass uns früher oder später eine Inflation ins Haus steht. Was kann man dagegen machen? Jetzt vielleicht das Geld in die Schweiz oder nach Norwegen schaffen, aber es gibt Besseres. Und Was? Schulden machen! Denn die Inflation frisst nicht nur Vermögen, sondern auch Schulden. Aber nun nicht das aufgenommene Geld verzocken durch Spekulationen, sondern zum Erwerb von Sachwerten nutzen. Möglichst solche Sachwerte, die ihre Zinskosten erwirtschaften - Mietwohnungen zum Beispiel. Gut wäre auch Kunst. Oder Grundstücke. Eventuell auch Gold - obwohl man mit Gold auch viel Gold verlieren kann, aber ganz wertlos wird es natürlich nie. Oder Aktien von guten Firmen. Die BASF oder Siemens setzen schon mal ein paar Millionen in den Sand, aber Pleite gehen sie nie. Aber was machen dann die Kleinrentner - so wie ich? Wenn die Inflation z.B. 10% erreicht, werden wir vielleicht 3% mehr Rente bekommen, wenn überhaupt - denn wir, die kleinen Leute, zahlen dann wie immer die Zeche. Auch kann diese Gruppe nicht in die Sachwerte flüchten, wie die Reichen. Denn Schulden machen, um damit zu spekulieren, können auch nur diese. Es bleibt halt dabei - die Menschen sind immer noch in der Höhle und wer die größte Keule hat, gewinnt.

Meine Sparvorschläge sind anders

Dienstag, 8. Juni 2010

Wer es noch nicht gewusst hat: Jetzt sieht man's wieder, für wen diese Regierung wirklich regiert. Das soziale Mäntelchen dass sie umhat, ist schon immer mehr als fadenscheinig gewesen. Ja, Wo könnte man denn sparen? Mal ein paar Vorschläge, neben denen, welche die Gewerkschaften auch drauf haben.

Eurofighter

Ich glaube, wir haben ca. 150 Stück. Den Kauf hat noch "Birne" getätigt, ist kaum noch zu ändern: Aber betreiben? Die Dinger kosten richtig Geld, wenn man sie bewegt. Mein Vorschlag: 5 Stück zur Übung behalten. Den Rest einmotten. Wo wäre denn der Feind?

U-Boote

Keine Ahnung wie viele wir davon haben. Jedes einzelne ist zuviel. Mein Vorschlag: Verschrotten.

Wehrpflicht

Abschaffen. Dafür ein soziales Jahr einführen und zwar für Buben und Mädels. Muss ja gar kein ganzes Jahr sein.

Panzer

Gegen wen brauchen wir die denn? Ein paar behalten zum Üben und für Auslandseinsätze. 50% einmotten, den Rest verschrotten.

Belege sammeln fürs Finanzamt

Abschaffen, nach Branchen gestaffelte Pauschale für erlaubten Steuerabzug

Verkehr

Ampeln ausschließlich verkehrsabhängig schalten. Bahn: Zuschlagfreie Interregio Züge wieder vermehrt einführen.

Bürokratie

abschaffen durch Bonussystem für jede Verschlankung.

Beamte

für Rente und Krankenkasse einzahlen lassen.

Umsatzsteuer

25 % für Luxusgüter 7 % für Lebensnotwendiges 15% für Kultur und Verkehr und **50% für**

Spekulationsgewinne.

Das fällt mir alles mal eben auf Anhieb ein. Und was macht diese feige Regierung? Kaufen Sie sich eine Zeitung. Übrigens: Sollten Sie nicht gewählt haben: Jetzt sehen Sie was Sie damit angerichtet haben. Aber Nichtwähler lesen wahrscheinlich auch keine Sozialblogs.

Vorschlag, der gesetzlichen Kassen hilft

Donnerstag, 17. Juni 2010

Von unseren feigen Politikern (feige, weil sie sich nicht an die Geldsäcke und die Lobbyisten trauen) angedacht, ist eine Zuzahlung zu den Beiträgen - egal ob ein Bürger schon unter dem Existenzminimum leben muss oder nicht. Da wird es sicherlich eine schwarz-gelbe Mehrheit geben und weil es diese Leute und ihr Umfeld nicht selbst betrifft, wird es sicherlich auch eingeführt. Auf Kosten der Ärmsten im Land will man Großverdiener (Quatsch "Verdiener", richtig ist "Empfänger") von allen Finanzproblemen unbelastet lassen "sie könnten ja sonst das Land verlassen".. Sollen sie doch, wer weint diesem Gesindel schon eine Träne nach. Doch, die Parteien, welche gerne mal aus dieser Richtung eine "Spende" empfangen. Viel Geld verdirbt eben den Charakter. Unseren Krankenkassen geht es mit diesem Pauschal- Zahlungssystem (das hat sich noch Ulla ausgedacht und ich frage mich ernstlich, was sie sich wohl dabei gedacht hat) tatsächlich nicht gut, weil sie noch keinen wirklich wirksamen Weg gefunden haben, Lug, Betrug und Abzockerei im Gesundheitssystem zu verhindern. Anstelle sich pfiffige Verfahren auszudenken, wie sie die Pharmaindustrie in ihre Schranken weisen, oder verhindern könnte, wie sich der Herr Dr. med. Gewissenarm zur "Fortbildung" von seinen Pharmavertretern auf die Malediven einladen lässt unter der Zusage, dieses wichtige neue Medikament (besonders beliebt sind dafür Lipidsenker) ab sofort zu verschreiben. Ist zwar überteuert und meist unnötig, aber zugelassen und deshalb muss es die Kasse bezahlen, ob sie will oder nicht. Am einfachsten ist zur Sanierung eine allgemeine Zusatzzahlung zu den sowieso schon happigen Beiträgen. Ich erinnere mich, womit diese Frechheit angefangen hat: Mit 2o DM pro Nase, weil sonst "die Krankenhäuser geschlossen werden müssen."

Jetzt kommt mein Vorschlag für eine sofort mögliche Verbesserung der Kassenliquidität: Alle Sportverletzungen (ausgenommen bei Schulsport) aus dem Leistungspaket der Kassen herausnehmen. Wer einen Sport treibt, der Verletzungsgefahren birgt, muss dieses Risiko selbst tragen oder sich privat dagegen versichern. Es geht nicht an, dass die Solidargemeinschaft das gebrochene Bein der "Pistensau" bezahlen muss. Mich würde interessieren, welche Gelder dafür ausgegeben werden. Außerdem geht es nicht an, dass ausgerechnet die, welche am besten verdienen, sich aus dieser Solidargemeinschaft heraus stehlen dürfen. Genauso wie auch der allerärmste Kleinrentenempfänger seinen Krankenkassenanteil bezahlen muss, so ist der Großverdiener erst recht einzubinden. Wenn er Chefarzt und Einzelzimmer will, kann er ja eine private Zusatzversicherung abschließen oder das aus der gut bestückten Privatschatulle bezahlen. Gell, die Abgeordneten, die das verlangen, sind außerordentlich selten - ist doch klar, weil sie selbst betroffen wären!

Ich korrigiere mich

Sonntag, 20. Juni 2010

In meinem vorhergehenden Beitrag habe ich vorgeschlagen, Sportverletzungen aus den Leistungen der Pflichtversicherung herauszunehmen. Da habe ich mich belehren lassen, dass diese sowieso nicht von der GKV bezahlt werden. So ist es, wenn man nicht genau recherchiert. :-(Ansonsten lese ich heute in der Zeitung, dass "konsequente Nachforschungen der AOK Niedersachsen von 2008 -9 von den Leistungserbringern (das sind Ärzte und Kliniken) zu 3,6 Mio Euro Rückforderungen geführt haben. (weil zu Unrecht bezogen). Von 871 aufgedeckten Fällen waren 93 so gravierend, dass Strafanzeige erstattet wurde. Und: "die Untersuchungsgruppe Falschabrechnungen stößt häufig auf vernetzte Strukturen bis in den Bereich der organisierten Kriminalität." Und weiter: Der Gesundheitsökonom Bernhard Braun geht davon aus, dass sich im günstigsten Fall 15 bis 20 Milliarden Euro einsparen ließen, wenn konsequent gegen Verschwendung vorgegangen würde. In ambulanten Facharztpraxen und Kliniken werden annähernd die doppelte Ausstattung von Großgeräten vorgehalten. Sollen die "Leistungserbringer" ruhig weiter betrügen und verschwenden, das Defizit holen wir bei den Kleinen, die wehren sich sowieso nicht. Ich sage es doch: Zuviel Geld verdirbt den Charakter!

Offener Brief an den Gesundheitsminister und die Regierung

Montag, 5. Juli 2010

Offener Brief an Herrn Bundesgesundheitsminister Dr. Rösler Sehr geehrter Herr Minister, Sie und eigentlich die gesamte Regierung machen mir Angst! Als ehemals kleiner Selbstständiger habe ich durch betrügerische Manipulationen einer Bank und damals noch fehlende gesetzliche Möglichkeiten für eine Insolvenz, mein gesamtes privates Vermögen inklusive meiner privaten Altersvorsorge verloren. Dennoch habe ich bis vor 2 Jahren keine Transferleistungen von der Solidargemeinschaft bezogen, sondern mich mit meiner gesetzlichen Altersrente von 461,50 mühsam durchs Leben geschlagen. Ich bin sicher, dass Sie sich angesichts Ihrer persönlichen Einkommenslage nicht wirklich vorstellen können, dass man davon überhaupt leben kann. Seit 2 Jahren beziehe ich auf Antrag ein

Wohngeld sowie einen Heizkostenzuschuss, anteilmässig 25 €. Ich schlage vor, rein interessehalber die folgende einfache Rechnung einmal kurz mitzudenken, auch um wenigstens mal eine kleine Vorstellung von der Realität in diesem Lande zu bekommen:

Altersrente in Höhe von 507,56 verbleiben mir zum Leben nach Abzug von Kranken- und Pflegeversicherung und Miete gerade mal 191,50

Von diesem opulenten Betrag soll ich nun also einen Kassenzusatz leisten und Sie und Ihre Regierung meinen, die Heizkostenhilfe könne man auch „sozialverträglich" herausnehmen. Sehr geehrter Herr Minister, können Sie nachvollziehen, dass mir Staatsausgaben für so wichtige Dinge wie z.B. Eurofighter und U-Boote nicht wirklich verständlich sind? Ich appelliere an Sie und die Regierung, die Staatsfinanzen nicht auf Kosten der Ärmsten im Lande sanieren zu wollen! Manfred Pfirrmann, Rentner.

Hochstimmung?

Mittwoch, 28. Juli 2010

Jetzt - allen voran WIRTSCHAFTsminister Brüderle - jubeln unsere Politiker, weil die Arbeitslosenzahlen zurückgehen - manche sprechen gar schon von abzusehender Vollbeschäftigung. Toll, alle haben Arbeit, doch nur wenige können noch davon leben. Gestern hat das Fernsehen (ZDF: Frontal) wieder mal so eine typische „Schmarotzerfamilie" gezeigt (über die sich nicht nur Westerwelle, sondern auch die so genannten „Leistungsträger", die für eine Flasche Schampus in Sylt mal eben 1400 Euronen hinlegen können, immer erregen) Die Frau hat 3 Töchter in Schulausbildung, ist Sekretärin - da muss man sogar richtig Deutsch schreiben können - und bezieht auch noch HartzIV, weil sie mit den 1000 €, die ihr Chef (Leistungsträger!) gewillt ist, für ihre Arbeit zu bezahlen, nicht auskommt. Die wirklichen Schmarotzer sind doch die, welche sich wo immer es geht, um ihren Beitrag zum Gemeinwesen herumdrücken. Ist doch erstaunlich, dass diese Leute überwiegend in den so genannten konservativen Parteien zu finden sind - und zwar weltweit. Jetzt wo ein paar CDs mit Bankdaten aus der Schweiz und Lichtenstein aufgetaucht sind, kommen sie in Scharen zum Finanzamt und leisten Selbstanzeige. Aber erst einmal haben sie es probiert, sich herauszumogeln - das Gesindel. Warum wohl sind Politiker wie z.B. Mappus (BW) strikt gegen den Ankauf? Aus rechtstaatlichen Gründen? Ha,ha.

Kultur für Besserverdienende

Freitag, 17. September 2010

Kürzlich war ich zusammen mit meiner Frau in der Wilhelma in Stuttgart. Eigentlich hätten wir uns das nicht leisten können - denn für Kleinrentner sind 24 Euro kein Pappenstiel. Aber meine Frau meinte "ich muss mal wieder einen anderen Affen sehen". Recht hat sie. Einrichtungen wie Zoos oder Museen oder Theater sind für einen Kulturstaat unverzichtbar, das ist ja wohl unbestritten. Diese Einrichtungen kosten auch viel Geld und sind von den Eintrittsgeldern oft nicht finanzierbar. Deshalb gibt es dafür auch staatliche Beihilfen. Wenn aber der Staat mithilft bei der Finanzierung, dann ist es recht und billig, dass die Kulturstätte dann für die Bürger, welche unterhalb der Armutsgrenze leben müssen, gratis oder wenigstens deutlich verbilligt zugänglich sein muss. Die Wilhelma kostet 12 € Eintritt auch für Rentner oder Sozialhilfeempfänger. Ich empfehle, meinen Blogbeitrag vom 28.11. 2008 noch einmal zu lesen.

Umweltschutz zu Lasten der Armen

Freitag, 19. November 2010

Erneuerbare Energie ist eine schöne Sache, nicht nur weil sie uns ein bisschen weniger vom Öl abhängig macht. Gar nicht schön ist aber, dass dies zugunsten der Besitzenden und zu Lasten der Armen im Land geschieht. Warum das? Speziell für die Photovoltaik wird den Besitzenden (denjenigen, die ein Haus mit Dach ihr eigen nennen, auf das man Solarzellen anbringen kann) über die großzügige Subventionierung und dazu auch noch die Abnahme von Überflussstrom zu mehrfach überhöhtem Marktpreis richtig Geld ins Haus geschafft. Und wer bezahlt das? Natürlich alle, die Strom brauchen. Dazu gehören - auch wenn es die FDP und CDU wundert - auch Leute wie Kleinrentner oder Arbeitslose, die ihre Stromrechnung selbst bezahlen müssen. Und damit man mal sieht, was das ausmacht: ab 1.1.2011 kostet die EEG-(Erneuerbare Energie) Umlage nicht mehr wie bisher 2,047 ct sondern 3,53 ct. Das sind mal eben nur 74 % Aufschlag. Dazu greift der Staat aber noch mal hin: Darauf ist natürlich die Mehrwertsteuer zu zahlen. Wer allerdings schon unter der Brücke schläft, hat sicherlich keinen Heizlüfter und die Beleuchtung übernimmt sowieso die klamme Kommune. Wir wollen aber nach wie vor nicht vergessen, dass unser - ach so sozialer - Staat, auch viel Geld für U-Boote (natürlich Umwelt schützend mit Brennstoffzellen betrieben) und 300 Kampfjets benötigt, von Banksanierungen mal ganz zu schweigen. Natürlich sagt die Regierung: "Was geht uns das an - die bösen Strommultis sind das". Das stimmt. Die haben unsere derzeitige Regierung sowieso in der Tasche. Dran denken bei der nächsten Wahl!

Es grünt so grün - Nachtrag zum Artikel über das EEG

Donnerstag, 20. Januar 2011

Bald wird es wieder grün in der Landschaft werden und manchmal sogar gelb - soweit das Auge reicht. So schön die Rapsfelder anzusehen sind - mich ärgern sie zunehmend. Denn bald werden unsere Landwirte eigentlich nicht mehr Weizen oder Kartoffeln anbauen, sondern nur noch Raps und, bevorzugt, Mais. Warum denn das? Nun, ist doch logisch: Aus diesen beiden Pflanzen macht man Treibstoff und der bringt doch viel mehr Geld als Brot. Und dazu wird das auch noch nach dem EEG (Erneuerbare Energien Gesetz) bezuschusst. Das bezahlen wir alle nicht nur über die Stromrechnung (siehe vorhergehenden Beitrag) sondern bald auch beim Bäcker oder Gemüsehändler. Denn wenn weniger Getreide und Kartoffeln angebaut werden, steigt deren Preis. Das trifft besonders diejenigen, die gar kein Auto haben. Es ist auch bei den Grünen so: eine Partei der Armen ist das schon gar nicht. Es ist einfach schlimm, dass alle Gesetze immer von Leuten gemacht werden, denen es finanziell richtig gut geht. Aus der Position kann man sich einfach nicht mehr richtig hineindenken, wie es den vielen wirklich Armen im Lande geht, auch wenn man das Wort "sozial" hundertmal täglich im Mund hat. Ich verweise auf den Titel "Sozialer Friede durch Bürgergeld". (vom 9.Sept.2007) Wer den noch nicht gelesen hat: Darin steht die Lösung für die meisten Probleme dieses Landes.

RWE-Gewinne - Grund zum Jubeln?

Sonntag, 27. Februar 2011

Gerade lese ich in einer Sonntagszeitung unter der Überschrift "Top der Woche" dass der Stromkonzern RWE im vergangenen Jahr einen Gewinn von 3,4 Milliarden Euro gemacht habe und dies das beste Geschäftsjahr seiner Geschichte wäre. Ich glaube nicht, dass dies für den kleinen Stromkunden, so wie mich, ein besonderer Grund zur Freude ist. Viel lieber wäre mir eine Überschrift wie "RWE gibt seinen außerordentlichen Gewinn von 3,4 Milliarden zu 50 % an seine Privatkunden in Form von Strompreis-Reduzierung weiter" Weil es sich beim Vorstand von Dax-Konzernen kaum um Leute handelt, deren soziales Engagement jemals irgendwie positiv auffällig gewesen wäre, sehe ich eigentlich bei der Presse überhaupt keinen Grund, solche Ergebnisse zu bejubeln. Eher wäre es bei den Medien angebrachter, solche Zahlen einmal aus der Sicht des kleinen Bürgers zu hinterfragen. Meiner Meinung nach hat RWE, genau wie auch seine 3 Multi-Kollegen, aufgrund des von diesem Staat garantierten Monopols seine Kunden, und zwar insbesondere die privaten Kleinkunden, weil sie keine Lobby in Berlin haben, einfach schamlos über den Tisch gezogen. Hier sieht man mal wieder, wie viel billiger Strom sein könnte.

Wäre Japans AKW-Katastrophe vermeidbar / bzw. auch hier möglich?

Mittwoch, 16.3.2011

Jetzt haben wir die Katastrophe. Es ist fürchterlich, was da im Moment in Japan abläuft und es zeugt von einer hohen Kulturstufe, wie die betroffenen Leute damit umgehen. Heute habe ich einen befragten Passanten im TV gesehen, der bei der Frage, ob er evtl. spenden würde, dies verneint hat, weil dies seiner Meinung nach "hausgemacht" sei, also selbst- verschuldet. Das möchte ich doch einmal näher beleuchten. Zunächst mal: Hätte Japan als Insel und Industriestaat eine alternative Möglichkeit, an die enormen Mengen an benötigter Energie zu kommen? Sie haben weder Kohle noch Öl. Sie haben auch keine Nachbarn, wo sie hätten Strom einkaufen können. Vielleicht hätte man vor Jahrzehnten anfangen können, mit Wellen- oder Windenenergie oder Foto-Voltaik zusätzlich Strom zu erzeugen. Ob der gereicht hätte? Ich glaube nicht. Was blieb übrig? Kernkraft. Kernkraftwerke müssen dahin, wo's ausreichend Wasser gibt, zur Kühlung. Haben die Japse einen großen Fluss? Nein, sie haben ausreichend Meer. Was sie auch überreichlich haben, sind Erdbeben. Nun war dieses Erdbeben derart heftig, dass es alles Bisherige übertraf. Dennoch: waren die Erschütterungen der wirkliche Grund für diese Katastrophe? Ich vermute nein, die Bausubstanz hat das offensichtlich recht gut weggesteckt. Was wirklich die Probleme erzeugt hat, war das Wasser, also der Tsunami. Damit aber hätte man durchaus rechnen können, bei einem Kraftwerk, das am Ufer des Ozeans steht. Wäre das eigentlich unmöglich gewesen, die erforderlichen Stromaggregate (also zum Beispiel Notstrom-Diesel und Wasserpumpen) in tsunami- und erdbebenfeste Bunker zu stecken? Womöglich das ganze Areal überschwemmungsfest zu machen? Bestimmt wäre das möglich und ebenso bestimmt auch sehr teuer gewesen. Und jetzt sind wir wieder am Punkt: Hätte man mehr Geld eingesetzt, wären wohl zumindest diese Reaktorschäden vermieden worden, weil die Kühlung nicht zusammen- gebrochen wäre.

Wer bestimmt aber über den Geldeinsatz beim Bau solcher Anlagen? Der Vorstand der betreibenden Aktiengesellschaft. Was will der Vorstand, insbesondere? Seine exorbitanten Privat-Einnahmen noch weiter vergrößern. Das aber ist abhängig von der Rendite der Aktionäre. Der anonyme "Anleger" interessiert sich nicht für Sicherheit, höchstens für die Sicherheit seiner Geldanlagen und das auch nur kurzfristig, weil er schon morgen seine Gelder wo anders anlegt.

Jetzt hat sogar unsere eigentlich tatenlose, feige und Lobby- abhängige Regierung einen "Aha" Effekt erlebt und mal wieder einen Schnell-Schuss abgegeben, indem sie - wenigstens mal für 3 Monate die ältesten unserer AKWs hat abschalten lassen. Nicht von ungefähr drängt sich mir mit diesem Zeitfaktor die Vermutung auf, dass dies doch irgendwie mit den anstehenden Landtagswahlen in

Zusammenhang stehen dürfte. Nun bin ich bisher eigentlich kein Kernkraftgegner gewesen, weil ich weiß, dass keine der vielen Horrorszenarien wie Tsunamis oder Extrem-Erdbeben und schon gar nicht Flugzeugabstürze unsere AKWs bedrohen. Ein Flugzeug von entsprechender Größe ist nicht so leicht auf einen Atommeiler wie auf ein aus der Landschaft als Turm herausragendes Ziel zu lenken. Das dürfte auch dem erfahrenen Flugkapitän Schwierigkeiten machen, einen Passagier-Jet zielgenau auf ein AKW zu steuern, und selbst ein Jumbo besteht überwiegend aus leichtem Aluminium und würde an einer Kraftwerkskuppel in hunderttausend kleinste Stücke zerschellen. Eher sind schon mal Cyber-Angriffe auf die Elektronik eines Kraftwerkes denkbar - wenn es denn überhaupt eine Schnittstelle zum Internet besitzt. Dennoch habe ich nun doch etliche Befürchtungen bezüglich Sicherheit, denn ich wohne nur 12 km Luftlinie von Biblis und 40 km von Philippsburg entfernt - also durchaus im Nahbereich. Warum? Weil ich gestern eine wohl bisher verdeckt gehaltene Information über mögliche Ermüdungsbrüche an einer Schweißnaht des Reaktorgefäßes gehört habe. Es ist mir unverständlich, wie man - auch noch an der Unterseite eines solchen Behälters - eine Schweißnaht anbringen kann. Wenn die reißen sollte, kann man wahrscheinlich oben nicht genau so schnell Kühlwasser nachgießen, wie es unten rausläuft. Vermutlich wäre es deutlich teurer gewesen, dieses Gefäß aus einem Stück zu schmieden. (Siehe oben - Thema Rendite) Diese Schweiß-Naht-Schwachstelle ist schon seit langem von Österreichischen Ingenieuren erkannt und auch publiziert worden - aber selbst so dauernd immer derart "betroffene" Politiker, wie die Claudia Roth, sprechen lieber von abstürzenden "Düsenjets", weil das populistisch mehr hergibt. Um es klar zu sagen: Reaktoren mit solchen Schweißnähten müssen sofort für immer vom Netz genommen werden, bei den anderen muss eine Kühlung, die unter allen Umständen aufrecht erhalten werden kann, sicher gestellt werden - egal was es kostet. Und weil das alles logischerweise dazu führen wird, dass der Strompreis schon wieder ansteigt, appelliere ich an die Bundesregierung, die Steuerbelastung auf den Strom zumindest für den Privatverbraucher deutlich zurück zu nehmen. Sollten Sie demnächst an der Wahlurne stehen, dann überlegen Sie, wo die schwarz/gelbe Regierung zu verorten ist: wo der kleine Mann oder wo das große Geld ist?

Was ist mit unserer sozialen Kultur los? Nix !

27.3.2011

Vor noch nicht allzu langer Zeit hat man gemeint, man dürfe Kinder nicht durch autoritäres Gehabe in ihrer Entwicklung hemmen. Was hat man damit erreicht? Richtig, Hemmungslosigkeit. Das zeugt doch von selbst bestimmter Entwicklung, wenn Klein-Kevin mit zu Besuch darf bei fremden Leuten und dort dann spielerisch die Tapeten von den Wänden zieht. Derartige Erziehungsmängel kann man heutzutage allenthalben bewundern: Im Zug oder Bus kann man es sich doch bequem machen, indem man die Fuße auf dem gegenüberliegenden Sitz hochlegt. Wozu denn da erst umständlich die Schuhe ausziehen? Handyverbot im Bus, weil der Fahrer dadurch allmählich verrückt wird? Das juckt doch unsere sonnige Jugend nicht. Pizzaschachteln und McDonald-Tüten lässt man einfach dann fallen, wenn sie leer gegessen sind, Bierflaschen sowieso. Es wird sie schon irgendwer wegräumen. Man darf auch die Kunstentwicklung nicht behindern. Wenn es jemanden treibt, sich künstlerisch auszudrücken, dann muss das umgehend geschehen, auch in der Eisenbahn. Als Pinsel eignet sich da ein Taschenmesser und die Leinwand wird ersetzt durch das Abteilfenster. Das gibt recht kreative Kratzer. Manche Künstler haben aber auch einen Filzstift (one4all) in der Tasche, welcher auf unendlich vielen Materialien schreibt, was nicht nur durch flotte Sprüche an Toilettenwänden sondern auch durch "tags", am liebsten auf frisch lackierten Gegenständen, bewiesen wird. Der Kultursprung vom Haushund zum derart malenden Homo (sapiens?) ist übersichtlich. Der Marker sagt entweder "Nero der Große, war hier" oder "Lonesome wulff Harry" hat das gezeichnet.

Begeisterung kommt auch beim Waldwanderer auf, wenn er endlich einmal wieder ein noch durchaus funktionstüchtiges Sofa vor der Tannenschonung findet. Wenn man die paar Altreifen, die noch davor liegen, etwas zur Seite gerollt hat, kann man sich darauf durchaus noch bequem ausruhen oder picknicken. Die Verpackungsreste vom Picknick fallen später neben dem Möbel sowieso nicht mehr auf. Das Auto parkt inzwischen auf dem Gehweg vor Haus 18. Da ergibt sich deshalb manchmal ein kleiner Konflikt zwischen einem flotten Radler oder der Oma mit dem Rollator, wobei die Oma meistens nachgibt und mutig über die Fahrbahn ausweicht. Da hat der Staat oder die Ortsbehörde keinen Sanktionsbedarf, denn der Radler zahlt noch ein ins System und die Oma kostet nur. Nicht immer ist der Wald erreichbar, wenn man picknicken will. Im Heimbereich heißt das auch anders, nämlich grillen. Wen stört es schon, wenn zum Anfeuern der ach so wohlriechende Grillanzünder benutzt wird, dessen Qualmwolke sowieso bald vom lieblichen Geruch der schmorenden Fleischstücke ersetzt wird. Soll er doch das Fenster schließen und wenn es dem Nachbar dann zu warm wird in der Hochsommernacht: der Baumarkt verkauft Klimageräte.

Ich glaube nicht, dass ich hier in den Verdacht gerate, mich über völlig abwegige Verhaltensmuster meiner Mitbürger zu erregen. Was ich aber glaube: Die Kulturstufe, die unsere Gesellschaft benötigt, um ohne Kontrollen auszukommen, haben wir noch lange nicht erreicht. Ich rufe hier nach mehr Kontrolle - aber natürlich nicht nach dem Polizeistaat. Der Polizeistaat beschnüffelt jeden, auch im Privatbereich. Das will sicherlich niemand (mehr). Aber wie wär's mit mehr Kontrolle auf Bahnhöfen und öffentlichen Plätzen durch Videoüberwachung? Ich habe kein Datenschutzproblem, wenn ich dabei beobachtet werde, wenn ich verreise. Wie wär's mit mehr Steuerprüfungen, schon um dem Gewerbetreibenden Gewissenkonflikte zu ersparen? Wie wär's mit mehr Kontrolle, wie Atomkraftwerke betrieben werden? Oder was für Ingredienzien in der Wurst sind? Oder ob die Metzgereifachverkäuferin mit den gleichen Fingern den Geldschein und jedes Wursträdchen anfasst? Oder ob das örtliche Krankenhaus auch einen Hygienesachbearbeiter hat? Oder ob der Huberbauer zusammen mit dem Tierarzt seine Viecher mit Antibiotika gesund erhält und dabei diese Antibiotika wertlos macht? Oder ob Radfahrer den Radweg auf der falschen Seite benutzen, die Einbahnstraße falsch rum und auch noch ohne Licht fahren? Oder ob Ärzte zusammen mit der Pharmaindustrie die Versicherungen betrügen und dadurch die Beiträge immer höher werden? Man sieht, überall fehlt es an Kontrolle. Aber wenn kontrolliert wird, dann nicht so, wie in Altenheimen, wo der Kontrollbesuch schon mehrere Tage zuvor angekündigt wird. Und zur Kontrolle gehört auch die Sanktion. Und die muss schmerzhaft sein, um zu wirken. Bei unseren, ach so kontrollresistenten Jugendlichen, hilft nicht etwa ein staatlich geförderter Segelurlaub in der Karibik, sondern eine mehrjährige Führerscheinsperre. Vielleicht sollte man als Bürger nicht immer wegschauen, wenn man sieht, wie sich ein Anderer asozial verhält, sondern den Missetäter zur Rede stellen, notfalls, und wenn das Fehlverhalten schwerwiegend genug ist, es auch zur Anzeige bringen. Denn allmählich habe ich den Eindruck, dass unsere Gier gesteuerte Gesellschaft langsam, aber sicher, sozial verlottert.

Prozentuale Ungerechtigkeit

Sonntag, 5.Juni 2011

Schon im vergangenen Jahr habe ich mich begeistert über die 1%tige Renten"erhöhung" geäußert. Das haben wir ja in diesem Jahr ebenfalls – ein wenig reduziert, es sind gerade mal 0,99% , was die Rentner bekommen.

Das ist übrigens genau unserer Politiker-Mentalität angepasst: Es wird von „Erhöhung" gesprochen, obwohl es bei Licht betrachtet genau das Gegenteil ist. Wenn man durch Inflation (Politiker unterstützen, wenn der Staat Geld druckt – oder nehmen es zumindest unwidersprochen hin) 3% an Kaufkraft verliert, weiß selbst der Dümmste (Kopfrechnen Sechs) dass er jetzt 2,1% weniger hat.

Manche Politiker betrachten es bereits als Subvention, wenn irgendwo irgendwas nicht besteuert wird.

In dem Zusammenhang: Im hessischen Landtag haben sich jetzt die Abgeordneten eine Diätenerhöhung von 2,8% genehmigt. (Hat "Diät" nicht etwas mit weniger zu tun?)

Also bei meiner Minirente (Nein, habe ich nicht selbst verschuldet!) wird das jetzt etwa € 4.- ausmachen, die ich noch mit meiner Krankenkasse und Pflegeversicherung teilen muss.

Mit dem bisschen Bier, das ich dafür trinken kann, wird das auch nicht schöner. .

Jedoch jemand, der z.B. 2000 € Rente bekommt, ist fraglos auf der Seite der Wohlhabenden. Der bekommt nun nicht etwa auch den berauschenden Satz von € 4.- sondern immerhin € 20.- Kann durchaus sein, (Hoffentlich!) dass er dadurch in einen Bereich mit höherer Steuerlast kommt und im Endeffekt sogar weniger hat – aber es trifft trotzdem keinen Armen.

Der Arme jedoch wäre an den steuerfreien 20.- (minus Krankenkasse) wirklich froh.

Ich frage mich, Sie und die Politiker: Welches Naturgesetz verlangt, dass Rentenerhöhungen prozentual sein müssen?

Auch unser Grundgesetz verlangt aber Gerechtigkeit. Ist es gerecht, dass der Wohlhabende einen Prozentsatz seines Wohlhabens bekommen muss? Wohl kaum. Wenn dieser auch einen Kleinbetrag wie € 20.- nicht wirklich als Verbesserung ansehen wird.

Übrigens: Wenn der Staat seinen Rentnern jedes Jahr einen Festbetrag (vielleicht tatsächlich einen Prozentsatz, nämlich von dem berühmten Warenkorb) zukommen ließe, wäre er wahrscheinlich billiger dran, wie jetzt, wo wieder die Wohlhabenden den Rahm abschöpfen.

Vielleicht überprüfen Sie mal bei der nächsten Wahl, für wen eigentlich Ihr Wunschkandidat sich einsetzt.

Politikverdrossenheit? Nein, zur Wahl gehen. Immer

Schon lange habe ich hier nichts mehr geschrieben - nicht weil alles jetzt zum Besten geändert wäre, nein ganz im Gegenteil, es wird immer schlimmer in diesem unseren Lande.

Als Bezieher einer (unverschuldet!!) nur ganz kleinen Rente bekomme ich von unserem ach so sozialen Staat einen Wohngeldzuschuss.

Der betrug zunächst 89 € dann nach einer Rentenerhöhung von 4 € netto nur noch

80 € und gestern kam ein neuer Wohngeldbescheid und darin steht: Wohngeld nur noch 60 € .

Ist das mein Anteil an der politischen Schlamperei in Griechenland?

Wer es noch nicht gemerkt haben sollte: Dies ist eine Regierung (und ein Staat) der Reichen - nicht der Armen. Auch das Wohngeld hilft im Prinzip den Wohlhabenden, nämlich den Wohnungseigentümern. Ohne Wohlgeld würden sicherlich weitaus weniger Wohnungen zu überteuerten Preisen vermietbar sein. Und natürlich noch mehr Leute womöglich unter der Brücke wohnen. Haben Sie schon mal gesehen, wie viele Leute, relativ (noch) gut gekleidet, in der Eisenbahn und sonst wo, Papierkörbe nach Pfandflaschen durchsuchen? Ist Ihnen schon aufgefallen, dass etliche Nahrungsmittel teurer geworden sind, seit Bauern lieber Weizen zu Benzin machen lassen, als zu Brot?
E10 hat uns Brüssel beschert. Sind Sie schon mal zur Europawahl gegangen? Oder interessiert Sie das auch nicht, was da entschieden wird?

Jetzt waren gerade Wahlen in Berlin. Mit einer Wahlbeteiligung von gerade mal 53 %, wenn ich das richtig in Erinnerung habe. Unglaublich! Die Hälfte der Wähler geht nicht einmal hin! Trotz der sozialen Zustände in dieser Stadt, trotz brennender Autos, trotz Totschläger in der verrotteten U-Bahn, trotz Reduzierung der Polizei um 4000 Beamte wegen klammer Kassen, trotz der Ausgabe von 30 Millionen für den Pabstbesuch bei 53 Milliarden Schulden der Stadt, trotz, trotz, trotz .

Was von dieser miesen Wahlbeteiligung zu halten ist, kann man nicht besser ausdrücken wie der Kabarettist Schmickler. Es gibt bei Youtube vom Schmickler ein Video, das sollte für jeden Wahlberechtigten vor JEDER WAHL Pflicht sein. Es ist zwar schon zwei Jahre alt, es hat sich jedoch seither aber auch gar nichts geändert in diesem Lande.

Das Fass ohne Boden

Natürlich beschäftigt mich auch die soziale Situation in Griechenland.

Dass in diesem Land eine unglaubliche Schlamperei bei der Verwaltung und unendliche Korruption herrscht, weiß ich nicht erst, seitdem das Land von den Rating Agenturen runtergestuft wurde, sondern schon seit Jahren. Da hatten wir einmal einen Griechen zu Gast, der uns beim Abendessen mal über seine Landleute aufgeklärt hat - er ließ einfach kein gutes Haar an ihnen.

So global möchte ich das wiederum nicht einschätzen, bestimmt gibt es auch dort anständige Leute. Diese sind - wie überall - weniger bei den Reichen, als bei den Armen zu finden.

Die meisten reichen Griechen haben Ihre Kohlen ja schon längst irgendwo anders, nur nicht in Griechenland gebunkert.

Nun sind ja schon etliche Milliarden in dem Fass ohne Boden verschwunden und im Moment stehen schon wieder 130 Milliarden bereit - wenn denn die Griechen die EU-Auflagen endlich umsetzen.

Ich bin ja kein Wirtschaftsfachmann, aber ich frage mich ernsthaft, womit will denn dieses Land sich wirtschaftlich wieder sanieren?

Mit griechischem Wein? Wenn der bei uns neben dem spanischen, portugiesischem, französischem und nicht zuletzt deutschem Wein im Supermarkt angeboten wird, dann verkauft sich der unabhängig vom Preis nur an seine Liebhaber, ansonsten nur dann, wenn er billiger ist. Wie könnte er denn billiger sein, wenn das Land den Euro hat? Gar nicht, im Gegenteil.

Was hat denn Griechenland sonst noch zu bieten, außer alten Ruinen? Sonne und Meer, sprich Tourismus, ein wenig Aluminium, ein wenig Schiffbau, Ziegenkäse und Obst. Wenn sie das auf dem Weltmarkt verkaufen wollen, muss es billig sein. Wie könnte es das? Durch eine Rückkehr zur Drachme und eine kräftige Abwertung. Ansonsten, sagt Wikipedia, haben sie Finanzdienstleistungen. Das wissen wir ja, die sind nämlich durch ihre Zockereien gerade mal richtig pleite.

Diese Rückkehr will natürlich hier in der EU niemand. Und warum nicht? Aus Solidarität für die griechischen Miteuropäer? I wo, weil hier bei uns die Banken mit griechischen Anleihen spekuliert haben und dann keine Chancen mehr sehen, irgendwas von dem Geld wieder zu bekommen. Da stehen dann zum Beispiel auch deutsche Banken eventuell vor dem Ruin. Und wer muss diese dann wieder retten? Der Steuerzahler, ist doch klar.

Wer mir aber wirklich leid tut, sind die kleinen Leute in Griechenland, die nicht wirklich diese verfahrene Situation verschuldet haben.

Da hätte ich dann wieder mal eine von meinen probaten einfachen Lösungen:

Jetzt stehen doch wieder 130 Milliarden für die Hellenen bereit. Dort gibt es 11 Millionen Einwohner. Nehmen wir mal im Durchschnitt an, eine Familie hat 4 Mitglieder. 130.000.000.000:(11:4)= 47.272,- € würde jede dieser Familien bekommen können, wenn dieses Geld nicht an die Banken, sondern an die Bürger ausbezahlt würde. Gell, da könnten sie das Lachen nicht lassen!

Man macht sich einfach keine Vorstellung davon, was eine Milliarde ist.

Übrigens - es ist zwar nicht zu erwarten, dass so was jemals passiert - aber dieses Geld würde dann den Banken dort auch wieder zufließen, wenn man zur Auflage machen würde, dass es nicht außer Landes geschafft werden dürfte.

Deutsche Milliardäre von 2008

Name	Alter	Mlrd. $	gebunkert wo
Karl Albrecht	88	27.0	Deutschland
Theo Albrecht	85	23.0	Deutschland
Michael Otto + Familie	64	18.2	Deutschland
Susanne Klatten	45	13.2	Deutschland
R-hard Mohn + Familie	86	8,7	Deutschland
Maria-E. & Georg Schaeffler		8,5	Deutschland
Erivan Haub und Familie	75	7,8	Deutschland
Reinhold Würth	72	7,7	Deutschland
Stefan Quandt	42	6,8	Deutschland
Curt Engelhorn	81	6,6	Schweiz
Klaus-Michael Kühne	70	6,4	Schweiz
Karl-Heinz Kipp	84	6,3	Schweiz
Johanna Quandt	81	6	Deutschland
Hasso Plattner	64	5,4	Deutschland
Hubert Burda	68	5,3	Deutschland
Otto Beisheim	84	5	Schweiz
Wolfgang Herz	57	4,9	Deutschland
M&R Schmidt-Ruthenbeck		4,8	Deutschland
Andreas Strungmann	58	4,7	
Thomas Strungmann	58	4,7	Deutschland
Anton Schlecker	63	4	Deutschland
Madeleine Schickedanz	64	3,9	Deutschland
Otto Happel	60	3,6	Schweiz
Stefan Schörghuber	46	3,5	Schweiz
Klaus Tschira	67	3,2	Deutschland
Heinz-Horst Deichmann	81	3	Deutschland
Hugo Mann und Familie	94	3	Deutschland
Joachim Herz	65	3	Deutschland
Günter Herz	67	3	Deutschland
Heinz Bauer	68	2,9	Deutschland
Axel Oberwelland	41	2,9	Deutschland
Daniela Herz	54	2,9	Deutschland
Hermann Schnabel	86	2,5	Deutschland
Friede Springer	65	2,4	Deutschland
Eugen Viehof+Familie	91	2,4	Deutschland
Albert v. Thurn u. Taxis	**24**	**2,3**	**Deutschland**
Hans-Werner Hector	68	2	Deutschland
Martin Viessmann	54	2	Deutschland
Hans Riegel	85	1,9	Deutschland
Paul Riegel	81	1,9	Deutschland
Dieter Schnabel	62	1,7	Deutschland
Peter Unger	63	1,6	Deutschland
Ralph Dommermuth	44	1,6	Deutschland

Thomas Bruch	57	1,5	Deutschland
Dieter von Holtzbrinck	66	1,3	Deutschland
Monika Schoeller	69	1,3	Deutschland
Anneliese Brost	87	1,3	Deutschland
Stefan von Holtzbrinck	44	1,3	Deutschland
Gerd Brachmann		1	Deutschland
Dietmar Hopp	67	1	Deutschland
Friedhelm Loh	61	1	

Der jüngste deutsche Milliardär ist der Albert von Thurn & Taxis. Ob der schon jemals auch nur einen einzigen Euro selbst verdient hat? Kaum, der verlebt das, was aus dem früheren Post-Monopol seiner Familie noch übrig ist. Nun hat Albertchen mit seinen 24 ja noch ein ganzes Leben vor sich - ganz anders wie die alten Säcke, die schon 88 und mehr Jahre zählen. Bleiben wir mal beim Albert. Ich versuche mal, mich da hinein zu versetzen. Er hat also 2.300.000.000 $, egal ob bar oder in Sachwerten. Sachwerte lassen sich zu Geldmachen - irgendwer wird das Schloss schon kaufen, und wenn's der Staat ist, um das Finanzministerium darin unterzubringen und den Wald kriegt man auch irgendwie los. Weil er das Schloss aber wohl doch nicht verkaufen will - was wird da wohl Mutti dazu sagen - muss er mit dem schäbigen Rest versuchen auszukommen. Ich weiß es wirklich nicht, wie viel da so auf den diversen Konten rumschwimmt, vielleicht weiß er es selbst ja nicht. Ach, nehmen wir der Einfachheit halber einfach an, es sei noch eine schäbige Milliarde. Klar bringt die Zinsen, vielleicht 4 % bei der Stadtsparkasse. Das gibt - lassen wir das mal zunächst mit dem Zinseszins, der ist sowieso unmoralisch - also, bei der Sparkasse gibt's dafür 40.000.000 Das sind pro Monat = 3,3 Millionen, am Tag 111.110 nein, keine Euros, sondern Dollars. Das sind z.Zt. 85469 € . Was um Himmels willen würde ich, wenn ich schon alles, was ich mir wünschen könnte, habe, mit 85459 € am Tag anfangen? Man könnte einen Geldkoffer nehmen und dann mal ein wenig vor dem Arbeitsamt rum stehen und verteilen: "Sind Sie auf Hartz IV? Ja? Dann hier, nehmen Sie mal die 1000 € aber versaufen Sie's nicht! Wenn ich so mal den halben Monat jeweils 50 Menschen beglückt habe und den anderen halben Monat ebenso zu den Obdachlosen gegangen bin, habe ich am Jahresende nicht weniger Geld, sondern mehr! Warum? Wir haben den Zinseszins vergessen!

Printed by Books on Demand GmbH, Norderstedt / Germany